[期货投资者教育系列丛书]

铅

中国期货业协会 编

中国财政经济出版社

图书在版编目（CIP）数据

铅/中国期货业协会编．—北京：中国财政经济出版社，2012.11（2022.9重印）
（期货投资者教育系列丛书）
ISBN 978－7－5095－4086－2

Ⅰ.①铅…　Ⅱ.①中…　Ⅲ.①铅－期货交易－基本知识　Ⅳ.①F830.9

中国版本图书馆CIP数据核字（2012）第257878号

责任编辑：耿　伟　　　　责任校对：张　凡
封面设计：陈　瑶　　　　版式设计：孙俪铭

中国财政经济出版社出版

URL：http：//www.cfeph.cn

E－mail：cfeph@cfeph.cn

社址：北京市海淀区阜成路甲28号　邮政编码：100142

营销中心电话：88190406　北京财经书店电话：64033436　84041336

北京财经印刷厂印刷　各地新华书店经销

787×960毫米　16开　13.25印张　206 000字

2012年11月第1版　2022年9月北京第2次印刷

定价：31.00元

ISBN 978－7－5095－4086－2/F·3308

（图书出现印装问题，本社负责调换）

质量投诉电话：88190744

期货投资者教育系列丛书编委会

总序言

近年来，在党中央国务院的正确领导下，随着《国务院关于推进资本市场改革开放和稳定发展的若干意见》的深入贯彻落实，我国期货市场取得了稳步较快发展的良好局面。但是由于当前我国期货市场“新兴加转轨”的特征依然突出，市场制度和结构仍存在缺陷，风险防范和化解的自我调节机制尚未完全形成，市场主体发育不成熟，我国期货市场的整体波动和投机性仍较强，这些都对期货市场的改革发展提出了新的挑战。

与此同时，在新的市场环境和对外开放的条件下，随着我国期货市场规模的不断发展壮大，国内市场与国际市场的联系日趋紧密，影响期货市场运行的外部因素也更为多样化和复杂化，由美国次级债危机引发的国际金融市场动荡不安，国内外商品市场价格频繁而剧烈的波动，都增加了期货市场风险控制和日常监管的难度，给我国期货市场的稳定、健康的运行带来了新的挑战。

在这样一个新的形势下，期货市场的持续活跃和规范运作吸引了许多新的市场参与者，期货市场的开户数快速增长，特别是新入市的个人投资者比重较大且呈持续上升趋势。大宗商品和资产价格的频繁剧烈波动也使越来越多的企业开始意识到利用期货市场进行风险管理的重要性。但是由于对期货市场的交易特点和运行机制缺乏详细了解，同时风险意识淡薄，受期货高杠杆高回报的诱惑，而忽视了期货的高风险特征，导致了非理性投资行为上升，产生了不必要的损失。投资者是期货市场的重要主体，期货市场的发展离不开投资者的积极参与，特别是成熟投资者的参与。因此，在当前我国期货市场的快速发展时期，做好投资者教育工作更加意义深远。

做好投资者教育工作，既是保护投资者合法权益，促进期货市场稳步发展的客观需要，也是加强我国期货市场建设、促进市场稳定运行的关键环节。持续不断地开展行之有效的投资者教育活动，使投资者了解期货高杠杆、高风险的特点，了解期货市场的产品及交易规则，减少投资者的盲目性，特别是牢固树立“买者自负”的风险意识，从而理性参与期货交易，增强投资者的自我保护能力，才是对投资者最好、最有效的保护。同时，通过投资者教育，有助于投资者客观、正确地认识和参与期货市场，可以进一步促进培育诚实守信、理性健康的市场文化，促进期货市场功能的有效发挥和市场的平稳有序运行。期货市场的投资者教育工作任重而道远，是一项长期的、系统性的工程，需要持之以恒地开展下去。

近年来，围绕投资者教育工作，期货市场的监管部门、自律组织与中介机构都深入进行了形式多样、内容丰富和卓有成效的大量工作。由中国期货业协会组织编写的这一套《期货投资者教育系列丛书》就是协会按照中国证监会的统一部署，贯彻落实期货投资者教育工作的重要措施之一。该丛书作为期货市场第一套系统介绍我国上市期货品种的投资者教育普及读物和中国期货业协会期货投资者远程教育学院课程的基础性教材，以广大普通投资者为服务对象，兼顾了现货企业等专业机构的需求。本套丛书在体例上采取简单明了的问答体例，在语言上深入浅出，通俗易懂，可读性强。在内容上，丛书以“风险教育”为主线，不仅对国内上市的期货品种基本知识和交易规则进行了详细的介绍，更从期货品种相关的现货生产、加工、贸易和消费等产业链的各个环节对该产品的特性进行了系统的介绍，从而使得投资者能够得到更加全面、深刻的理解。同时，丛书还选取了大量包括套期保值、套利交易等典型实务操作案例，作为投资者了解和学习该产品的辅助材料，充分体现了丛书的实用性和可操作性特点。衷心地希望本丛书的出版能够为期货投资者了解期货市场，树立风险意识，理性参与交易提供有益的帮助。

姜　洋

2010 年 3 月

目 录

第一章 铅行业概述 / 1

本章要点

一、铅是什么？铅有什么用途？ / 1
二、铅的产业链是什么样的？ / 2
三、铅矿主要分布在哪些国家和地区？铅精矿的行业特征怎样？ / 4
四、欧美铅生产原料与我国有何区别？怎样进行二次铅资源的回收利用？ / 6
五、精炼铅是怎样炼成的？ / 8
六、主要的精炼铅生产国家和地区有哪些？ / 8
七、铅的消费情况如何？/ 10
八、电动自行车行业，汽车行业及通讯行业对我国铅消费有怎样的影响？ / 13
九、国内铅现货情况怎样？ / 15
十、国内铅企业常用的定价模式有哪些？ / 16
十一、现货交易与定价模式发生了怎样的转变？ / 17

自测题 / 18

第二章 铅期货市场 / 21

本章要点

一、为什么要推出铅期货合约？ / 21
二、LME 铅期货合约是怎样设计的？ / 24

三、上海期货交易所铅期货合约是怎样设计的？ / 25
四、为什么期货交易采取保证金制度？ / 27
五、如何计算铅期货交易保证金的占用？ / 27
六、如何理解铅期货交易的每日无负债结算制度？何时需要追加保证金？ / 29
七、如何理解铅期货交易的限仓制度？ / 31
八、如何理解铅期货交易的强行平仓制度？ / 32
九、参与铅期货市场的投资主体有哪些？ / 34
自测题 / 35

第三章 影响铅价变动的因素 / 38

本章要点
一、历史铅价变化有何特点？ / 38
二、供求关系变化对铅价有怎样的影响？ / 40
三、宏观经济环境对铅价产生怎样的影响？ / 41
四、产业政策如何影响铅价变动？ / 42
五、环保政策对铅价带来怎样的冲击？ / 44
六、科技发展对铅价有怎样的影响？ / 46
七、铅酸蓄电池行业的发展对铅价有怎样的影响？ / 47
八、铅的生产成本对价格有怎样的影响？ / 49
九、投资需求对铅价的影响 / 51
十、汇率波动如何影响铅价？ / 53
十一、可能影响铅价的因素还有哪些？ / 54
自测题 / 54

第四章 铅期货交易 /57

本章要点
一、什么是期货交易？ / 57
二、期货交易的类型有哪些？ / 60
三、铅期货交易的特点有哪些？ / 64
四、进行期货交易的流程有哪些？ / 66

五、铅期货价格分析方法要点 / 71
六、影响铅期价异常波动的题材因素有哪些？ / 72
七、顺势交易应该怎样操作？ / 74
八、反趋势交易应该怎样操作？ / 76
九、如何树立正确的期货交易理念 / 79
十、如何进行有效的资金管理？ / 81
十一、如何进行风险控制？ / 83
自测题 / 84

第五章 铅企业的套期保值 / 88
本章要点
一、什么是套期保值？ / 88
二、铅企业为什么要参与期货市场进行套期保值？ / 90
三、铅企业如何建立适合自己的套期保值管理体系？ / 92
四、铅矿企业如何进行套期保值操作？ / 100
五、铅冶炼企业如何利用套保锁定加工费稳定生产经营？ / 104
六、铅加工企业如何进行套保操作？ / 108
七、铅国内贸易企业如何进行套期保值操作？ / 110
八、什么是基差？基差变化如何影响涉铅企业的套期保值？ / 112
九、进出口贸易企业如何进行套期保值操作？ / 115
十、什么是铅的内外盘比价？ / 117
十一、铅内外比价的变化对进出口贸易企业套期保值有何影响？ / 118
十二、蓄电池企业如何利用套期保值规避铅价上涨的风险？ / 120
十三、涉铅企业如何利用套期保值规避库存贬值的风险？ / 126
十四、影响套期保值效果的主要因素有哪些？ / 128
十五、企业如何优化套期保值操作？ / 130
十六、企业如何在期货市场开立套期保值账户？ / 133
十七、如何进行出入金操作？ / 136
十八、如何区分铅期货套期保值头寸申请中一般月份和临近交割月份套期保值交易头寸？ / 136
十九、一般月份的套期保值头寸如何申请？临近交割月份

的套期保值头寸如何申请？ / 139
自测题 / 141

第六章 铅的套利交易方法 / 145

本章要点
一、什么是套利？铅期货套利交易有哪些类型和特点？ / 145
二、什么是铅的期现套利？ / 146
三、铅期现套利是怎么操作的？ / 148
四、铅期现套利是否有风险？ / 153
五、什么是铅的跨期套利？ / 154
六、如何进行铅的跨期套利操作？ / 155
七、跨期套利过程中的注意事项 / 158
八、什么是铅的跨市套利？ / 158
九、铅的跨市套利是如何操作的？ / 159
十、影响铅期货跨市套利的因素有哪些？汇率是如何影响铅的跨市套利的？ / 163
十一、跨市套利无风险吗？ / 164
十二、什么是铅锌的跨品种套利？ / 165
十三、如何进行铅锌跨品种套利？ / 166
十四、铅锌跨品种套利有风险吗？ / 170
自测题 / 172

第七章 铅的交割 / 175

本章要点
一、为什么要交割？ / 175
二、铅期货交割要点有哪些？ / 177
三、铅期货标准仓单是如何生成的？标准仓单有哪些用途？ / 179
四、铅期货标准仓单如何变更？ / 181
五、铅合约交割的流程 /183
六、用于交割的铅该如何保存？ / 184
七、如何选择合理的交割仓库？ / 186
八、什么是铅期货期转现业务？如何进行期转现业务操作？ / 187

九、铅期货仓单注销如何操作？ / 188
十、铅期货交割中对增值税发票的开具和流转有哪些要求？ / 189
十一、什么是铅的交割结算价？交割结算价如何确定？ / 190
十二、铅交割中会产生哪些费用？ / 191
十三、上海期货交易所对铅交割违约如何处理？ / 192
自测题 / 193

第一章 铅行业概述

【本章要点】

本章主要介绍铅的行业情况，对铅的供应、需求、产业链做了详细的介绍，对于铅的冶炼和消费结构也做了一定的说明。在本章的最后，还对铅的现货交易情况以及铅的定价模式进行了介绍。

一、铅是什么？铅有什么用途？

铅是六种常用的有色金属之一（见图1-1），其年产销量位列铝、铜和锌之后的第四位。铅在潮湿和含有二氧化碳的空气中易氧化生成一层氧化铅或碳酸铅，其导电性能低，抗腐蚀能力很高。铅在没有任何物理和化学性能损失的情况下可完全回收，目前可进入循环链的铅回收率达90%以上。

铅是化学元素，其化学符号是Pb（拉丁语Plumbum），原子序数为82。铅是柔软、延展性强的弱金属，有毒，也是重金属。铅的本色为青白色，在空气中表面很快被一层暗灰色的氧化物覆盖。可用于建筑材料、铅酸蓄电池、枪弹和炮弹、焊锡、奖杯和某些合金。

资料来源：维基百科

图 1－1　铅锭

铅的用途很多，主要可以列为如下方面：

（1）用作铅酸蓄电池的电极。

（2）制造铅砖或铅衣以防护 X 射线及其他放射线。

（3）用于制造合金。等量铅与锡组成的焊条可用于焊接金属。

（4）制活字金。

（5）铅与锑的合金熔点低，用于制造保险丝。

（6）用于制造铅弹。

（7）用于制造颜料、油漆，如铅白、铅黄、铅橙、红丹漆等。

（8）可作为陶器釉料的成分，用于屋顶、防水盖片及彩绘玻璃窗。

二、铅的产业链是什么样的？

铅产业链的参与主体主要有铅矿山（铅精矿）、原生铅冶炼厂、铅酸蓄电池厂、再生铅企业等（见图 1－2）。

铅常与锌共生，构成铅锌矿，矿石还含有铜、金、银等金属。因此，铅

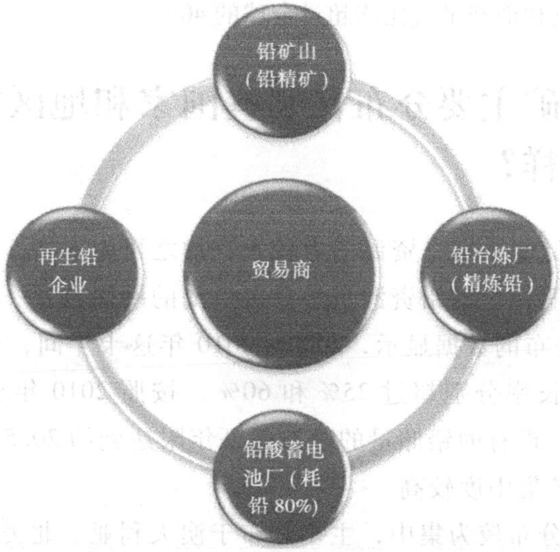

图 1－2 铅产业链流程

矿石需要通过选矿达到含铅 40% ~70% 的铅精矿后才能冶炼。铅的消费主要集中于铅酸蓄电池、电缆护套、铅箔以及挤压产品、铅合金、颜料及其他化合物、子弹等（见图 1－3）。

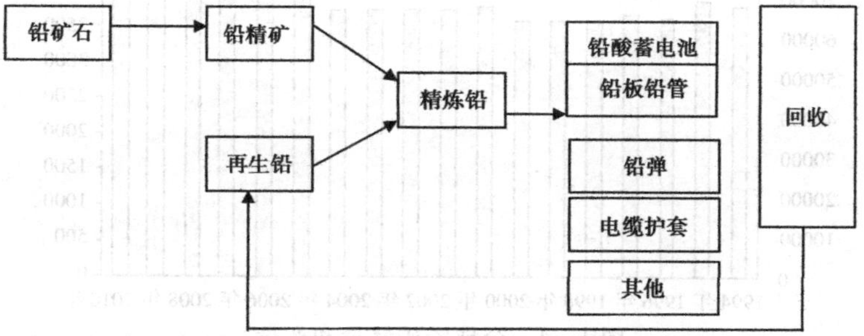

图 1－3 铅产业链流程

其中，铅酸蓄电池的铅消费量占总消费量最大。对于铅酸蓄电池的回收利用成为再生铅的主要原料来源，目前全球约一半的精炼铅来自于再生铅。其中，欧美等发达国家的再生铅比例超过 70%，我国在再生铅的回收利用上还不完善，目前再生铅产量占比大约为 30%。铅的贸易环节主要包括铅精矿、精炼铅、蓄电池以及再生铅等，目前我国已经成为全球最大的精炼铅生产国和消费国，产量和消费量占比均超过全球的40%。

三、铅矿主要分布在哪些国家和地区？铅精矿的行业特征怎样？

目前全球铅储量丰富，资源潜力较大，加之再生率高，未来资源供给依然充裕。数据表明，全球铅资源依然具有广阔的勘探前景。根据美国地质调查局（USGS）公布的数据显示，2000～2010年这十年间，全球铅基础储量和铅矿产量的增长率分别超过25%和60%。按照2010年全球铅精矿产量414万吨来计算，现有的铅储量的静态保证年限达到约20.5年。

（一）铅精矿集中度较高

全球铅资源分布较为集中，主要分布于澳大利亚、北美、中国、中亚等国家和地区，澳大利亚等排名在前五位的资源国铅储量占全球储量的68%左右（见图1－4）。

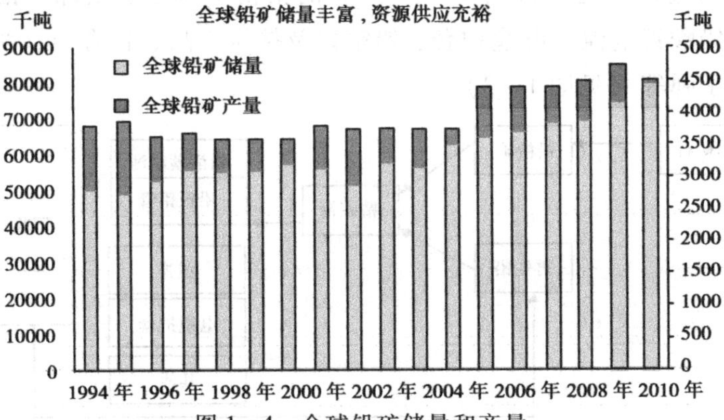

图1－4　全球铅矿储量和产量

数据来源：WIND、金瑞期货。

世界上主要的铅矿山有美国的韦伯纳姆铅锌矿山（Viburnum）、澳大利亚的坎宁顿银铅锌矿山（Cannington）、伊萨山铅锌矿（Mountlsa）、加拿大的红狗铅锌矿山（Red Dog）等，前十大矿山的铅精矿产量在全球总产量中占比约26.9%。世界上铅精矿生产企业主要有道朗公司（Doe Run）、必和必拓（BHP Billiton）、超达（Xstrata）、泰克资源公司（Teck Resources）

等，前十大铅精矿生产企业的产量占全球总产量的33.6%。

我国铅储量主要集中于大矿山，大矿山的资源总量和储量占全国总量的66.9%和84.9%。在矿床中，铅锌密切伴生，此外还有白银、黄金、铜等矿物质。总的来说，中国的铅锌矿床富矿少贫矿多，平均铅品位仅为1.99%，锌品位为4.49%，开采成本较高。

（二）亚洲成为铅精矿增长的主力

1970～2009年间，全球铅精矿增长率为0.3%，而2000～2010年间全球铅精矿年均增速为2.2%，体现出在这一阶段铅精矿产出较快增长。在这一过程中，西方国家铅精矿产出处于下降趋势，亚洲尤其是中国成为铅精矿产出增长的主要力量。全球铅精矿生产国（见图1－5）主要有中国、澳大利亚、美国、秘鲁和墨西哥，这5个国家铅精矿产量占全球总产量的78%左右。中国占51%左右，是全球最大的铅精矿产量国（见图1－6）。

近年来，亚洲地区铅精矿生产表现良好，其中以中国和印度为代表的新兴经济体的增长最为迅猛。印度2011年的铅精矿产量为11.8万吨，同比增长21.6%；中国2011年铅精矿产量绝对数额达235.8万吨，同比增长27.4%。我国铅精矿产量较大的省份（自治区）主要是云南、内蒙古、湖南、四川、广东、广西、福建和河南，这8个省（自治区）的产量占国内铅精矿总产量的82%以上。

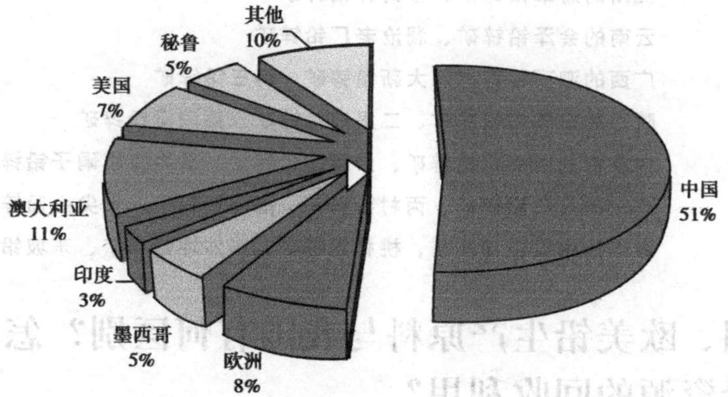

图1－5 2011年全球铅精矿产量分布

数据来源：ILZSG、金瑞期货。

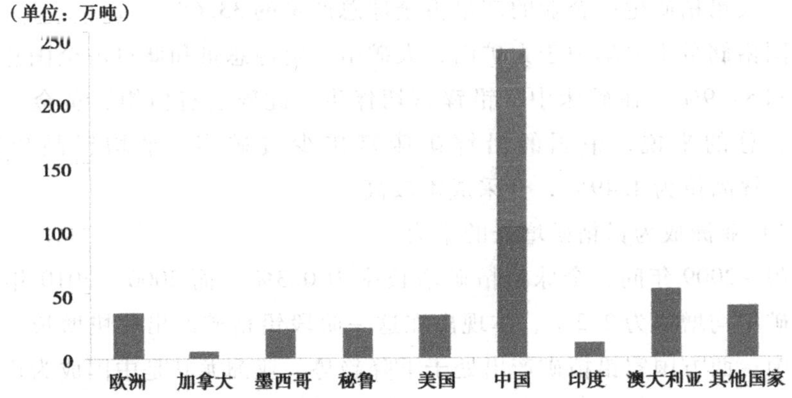

图 1－6　2011 年世界主要国家（地区）铅精矿产量

数据来源：ILZSG、金瑞期货。

我国各主要省（自治区）的矿山分布

青海的锡铁山

江西的银山铅锌矿

四川的会东铅锌矿、会理铅锌矿

贵州的赫章铅锌矿、杉树林铅锌矿

云南的会泽铅锌矿、澜沧老厂铅锌矿

广西的泗顶铅锌矿、大新铅锌矿、河三铅锌矿

陕西的铅硐山铅锌矿、二里河铅锌矿、银洞梁铅锌矿

内蒙古的梧桐花铅锌矿、白音诺铅锌矿、翁牛特旗硐子铅锌矿

广东的凡口铅锌矿，丙村铅锌矿、昌化铅锌矿、大尖山铅锌矿

湖南的水口山铅锌矿，桃林铅锌矿、黄沙坪铅锌矿、东坡铅锌矿

四、欧美铅生产原料与我国有何区别？怎样进行二次铅资源的回收利用？

在精炼铅生产方面，亚洲以原生铅为主，而美洲和欧洲以再生铅为主。再生铅在亚洲精炼铅总产出中仅占 40% 左右，而在美洲和欧洲则分别达到

76%和81%。分国别来看，精炼铅的生产主要集中在中国和美国，其中，中国以原生铅为主，美国以再生铅为主。再生铅在中国精炼铅产量中占比仅在30%左右，而美国再生铅占比达到90%以上（见图1-7）。

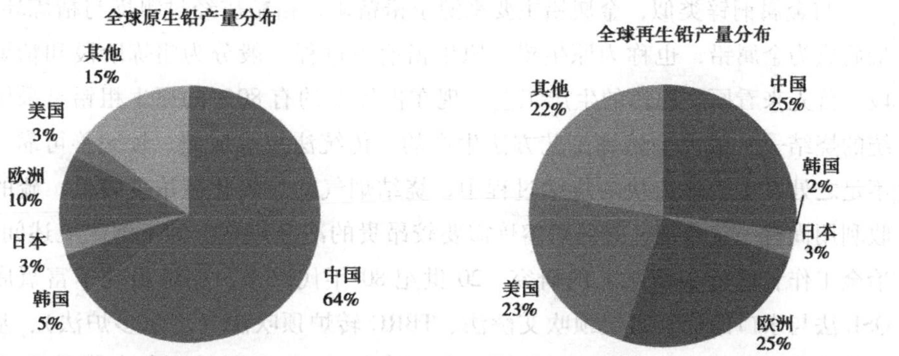

图1-7 全球原生铅和再生铅产量分布

数据来源：ILZSG、金瑞期货。

与原生铅以铅精矿为原料进行生产不同，再生铅的主要生产原料为废旧蓄电池。再生铅主要用活法生产，在处理废蓄电池时，通常配以8%~15%的碎焦，5%~10%的铁屑和适量的石灰、苏打等熔剂，在反射炉或其他炉中熔炼成粗铅。从环境保护的角度看，无论原生铅工业发展到多么发达的水平，废铅回收与再生铅工业也应当受到充分的重视。

铅资源的回收利用

废铅主要来自蓄电池极板，电缆铠装、管道、铅弹和铅板。只要将这些废铅收集起来送到再生铅厂再熔、重炼，即可生产出精炼铅、软铅和各种铅基合金。废蓄电池和电缆包皮回收的铅，含有少量的锑和其他金属，这种再生铅一般仍转卖给蓄电池制造厂家。含锡的再生铅大多重新用来制造焊条，轴承合金与其他铅锡合金。一般汽油和染料中的铅无法回收，是造成环境污染的主要因素。箔材、焊条、热处理和电镀中的铅，目前还难以回收。

资料来源：百度百科

五、精炼铅是怎样炼成的?

与金属铜锌类似，金属铅主要来源于铅精矿，铅精矿经过粗炼与精炼环节，最后成为金属铅，也称为原生铅。原生铅冶炼过程一般分为粗炼阶段和精炼阶段。首先来看原生粗铅的生产工艺。现在世界上约有80%的原生粗铅是采用传统的烧结——鼓风炉熔炼工艺方法生产的。传统法技术成熟，较完善可靠，其不足之处在于脱硫造块的烧结过程中，烧结烟气的二氧化硫浓度较低，硫的回收利用尚有一定难度，鼓风炉熔炼需要较昂贵的冶金焦炭。为了解决上述问题，冶金工作者进行了新工艺的研究。20世纪80年代以来，相继出现了富氧底吹QSL法与水口山法、富氧顶吹艾萨法、TBRC转炉顶吹法（卡尔多炉法）、基夫赛特法和奥斯曼特法等先进的炼铅方法。其中，QSL法是德国鲁奇公司20世纪70年代开发的直接炼铅新工艺，加拿大、韩国和我国先后购买了此项专利建厂；水口山法是我国自行研发的一种氧气底吹炼铅方法；卡尔多炉法（TBRC）是瑞典波里顿公司所创，但此法作业为间断性的，且对炉衬腐蚀严重；基夫赛特法由原苏联有色金属研究院研究成功，现已有多个厂家实现了工业化生产，是一种各项指标先进、技术成熟可靠的炼铅新工艺，但采用该法单位投资大，只有用于较大生产规模的工厂时，才能充分发挥其效益。

将粗铅精炼成精铅的工艺有火法和电解法两种。一般来说，电解法对银、金、铋和锑的分离效果好，铅、银等金属的回收率高，劳动条件好，机械化自动化程度高。电解法的缺点是基建投资较火法高。采用火法需要处理大量中间产物，能耗较高，致使其生产成本较电解法高（见图1－8）。

再生铅的冶炼以废铅做原料（主要来自于铅酸蓄电池），重新回炉冶炼而得到金属铅。再生铅主要用火法生产，其中先将铅酸蓄电池回收来的废料在反射炉或其他炉中熔炼成粗铅（一般有三种工艺：回转窑、反射炉和鼓风炉，我国主要使用反射炉），再由粗铅进行精炼得到精炼铅。

六、主要的精炼铅生产国家和地区有哪些?

全球精炼铅生产主要集中在亚洲、欧洲和美洲，这三大地区的精炼铅产

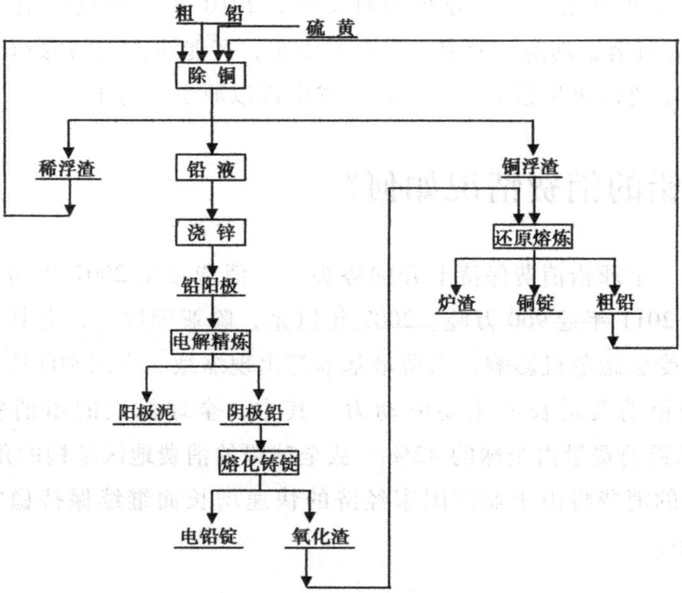

图 1-8 精炼铅的加工工艺

量占全球产量 96% 左右；其中亚洲占比达 55.5% 左右。中国自 2003 年超越美国成为全球最大的精炼铅生产国后一直维持绝对优势，西方国家因铅生产中的环境污染问题，产量呈逐年下降趋势。

分国家来看，中国、欧洲、美国、韩国、印度、加拿大、墨西哥、澳大利亚等是世界上主要的精炼铅生产国家和地区。中国 2011 年精炼铅产量达 426.6 万吨，占全球产量的 42.6%，美国 2011 年精炼铅产量达 129.6 万吨，欧洲地区精炼铅产量达 175 万吨。这三个国家和地区的总产量占全球总产量的 70% 以上（见图 1-9）。

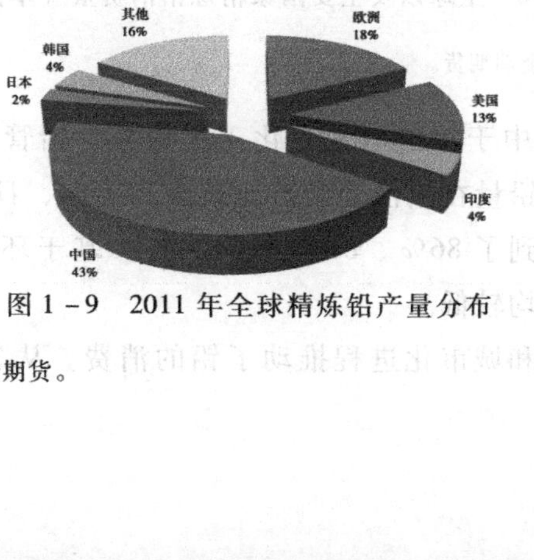

图 1-9 2011 年全球精炼铅产量分布

数据来源：USGS、金瑞期货。

我国精炼铅产能、产量分布相对集中，2010 年产能位列前五的省份（自治区）为河南、湖南、云南、安徽和山东，产能约占全国的 66.4%，其中，除安徽主要以再生铅为主外，其他省份都以原生铅为主。

七、铅的消费情况如何？

近年来，全球铅消费保持上升的势头，年消费量由 2007 年的 833 万吨左右上升至 2011 年近 960 万吨。2007 年以来，除亚洲以外，尤其是欧洲和美国地区，受金融危机影响，消费量基本都出现缩减。中国和印度的消费增长成为全球铅消费增长的主要驱动力。其中，全球最大的铅消费国中国 2011 年精炼铅消费量占全球的 42%。从全球铅的消费地区结构的角度来看，未来世界铅的消费将由于亚洲国家经济的快速增长而继续保持稳定的增长（见图 1－10）。

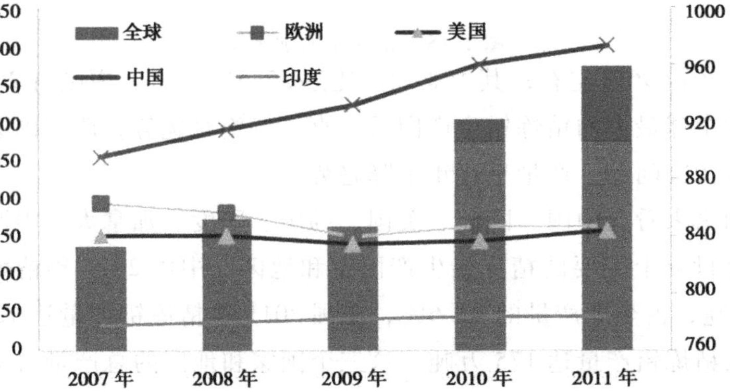

图 1－10　全球以及主要国家精炼铅消费量（单位：万吨）

数据来源：ILZSG、金瑞期货。

铅消费主要集中于铅酸电池、化工、铅板、铅管、焊料以及铅弹等领域。铅酸蓄电池用铅量在铅消费中占比最大，美国、日本和中国铅酸蓄电池耗铅量占比分别达到了 86%、86% 和 81.4%。基于环保方面的考虑，其他领域中的铅消费率均较低。

中国的工业化和城市化进程推动了铅的消费。从 2005 年起，中国精炼铅消费量超过美国，成为世界上第一大精炼铅消费国。2004～2011年这八年间，中国精炼铅消费平均增速达15.86%，尤其是在2004～2008年，铅消费量保持着高速的增长。同时，由于汽车、通信、金融、电力、交通、电动自行车等行业的快速发展，促进了铅酸蓄电池产业迅速成长，中国成为全球最大的铅酸蓄电池生产国和出口国。中国占全球精炼铅消费的比重见图1－11。

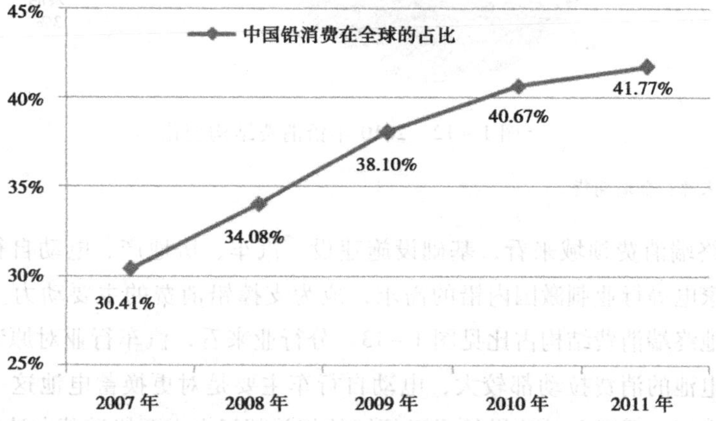

图1－11 中国占全球精炼铅消费的比重

数据来源：ILZSG、金瑞期货。

随着技术的变化、下游消费领域工艺的改进、替代材料的发展和环境保护的需要，铅的消费结构与过去相比已经发生了显著的变化。从1960年到2010年，铅的消费结构出现了显著变化。铅酸蓄电池一直是铅的最主要用途，而该种应用在铅消费中所占的比例越来越大，所占市场份额从不到30%扩大到80%左右，增长近3倍。铅的总消费量增长几乎全部来自于铅酸蓄电池市场的消费增长。而在非蓄电池使用部门，除了轧压铅制品和弹粒市场保持稳定外，其他部门的市场份额在一定程度上都有所下降。2010年铅消费结构变化见图1－12。

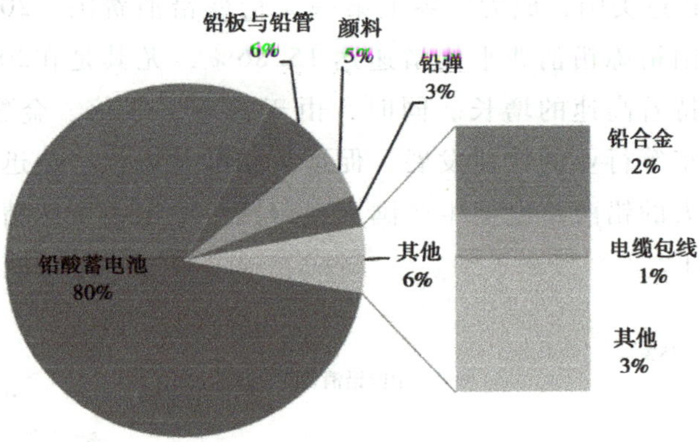

图 1－12　2010 年铅消费结构变化

数据来源：金瑞期货。

从终端消费领域来看，基础设施建设、汽车、房地产、电动自行车、通讯领域、家电等行业刺激国内铅的需求，成为支撑铅消费的主要动力。2010 年铅酸蓄电池终端消费结构占比见图 1－13。分行业来看，汽车行业对原装蓄电池和更换蓄电池的消费拉动都较大，电动自行车主要是对更换蓄电池这一刚性需求的表现良好，通讯基站建设等通讯领域的相关部门也需要铅酸蓄电池等铅产品。

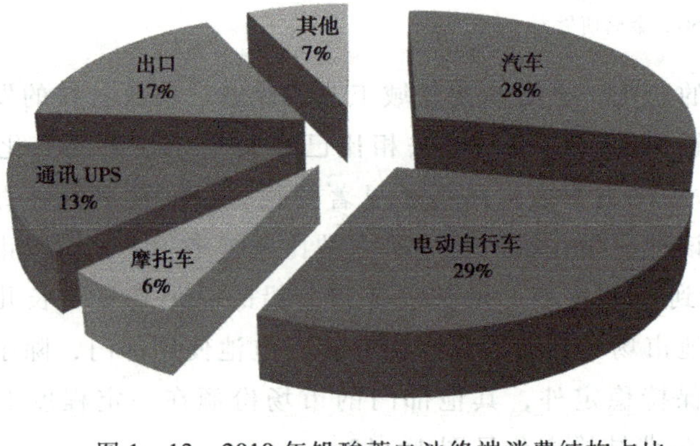

图 1－13　2010 年铅酸蓄电池终端消费结构占比

数据来源：中国海关、金瑞期货。

八、电动自行车行业，汽车行业及通讯行业对我国铅消费有怎样的影响？

（一）电动自行车行业

随着燃油价格的不断上涨，传统摩托车的行驶成本越来越昂贵，电动自行车越来越受到消费者的欢迎。由于需求旺盛，近年来我国电动车市场保持着快速的发展。据中国自行车协会统计，1998 年我国电动自行车产量仅为 5.4 万辆，发展到 2003 年的 400 多万辆，成为全球电动自行车产量最大的国家。2011 年我国电动车产量达 1384 万辆，保守估计目前电动自行车的保有量超过 1.4 亿辆，电动自行车的发展势头比较迅猛。与此同时，电动自行车生产企业数量也出现迅猛增长，与此配套的产品生产厂家更是数以千计，产值超千亿元。

快速发展的电动自行车行业对铅酸蓄电池的消费产生了重大的影响：

1. 我国电动自行车的发展前景广阔。铅酸蓄电池可以分为启动型蓄电池、动力型蓄电池以及固定储能型蓄电池。其中，启动型蓄电池主要用在汽车上，电动自行车是动力型蓄电池的消耗主体，汽车和电动自行车成为目前铅酸蓄电池的主要消费行业。电动自行车由于轻便环保、价格相对便宜，普遍受到广大群众特别是中小城市群众的欢迎，我国有超过 13 亿的人口，但城镇化的比例还不到 50%，这决定了电动自行车在我国仍然具有广阔的发展前景，其对蓄电池的需求量拉动不可估量。另外，由于蓄电池的使用寿命有限，一般平均使用周期在 15 个月，随着电动自行车保有量的逐步增加，基数的增加同样也将提升电动自行车对更换蓄电池的刚性需求。

2. 替代产品难以撼动铅酸蓄电池在电动自行车中的地位。随着新型材料的不断推出，有言论称铅酸蓄电池将被淘汰。目前，有部分动力型锂离子电池、氢镍电池、铅布电池、锌空气电池应用于电动自行车，市场预测这些电池有望打破铅酸蓄电池的行业垄断地位。相比之下，铅酸蓄电池的使用有一百多年的历史，其成熟的技术、稳定的性能、低廉的价格、超高的性价比等普遍受到消费者的欢迎；而且铅资源储量大、回收再利用简便，具备大批量生产的前提。目前市场上其他电池的使用或多或少都存在一些难以攻克的难题，比如锂电池价格成本十分高昂，锂的资源储量也较为有限。目前市面上其他电池的市场份额非常有限，远不能替代铅酸蓄电池在电动自行车中的地位。

我国的经济快速增长以及老百姓收入的提高是电动自行车发展的推动力量，其对铅酸蓄电池的内在需求非常庞大。除此之外，全球经济的稳定增长也为我国电动自行车和铅酸蓄电池的出口带来契机，外在需求也是重要的发展支撑。总的来说，电动自行车的发展对铅的消费贡献力将增大。

（二）汽车行业：我国汽车市场增长根基较稳

中国经济经过近 30 年的高速增长之后，百姓的生活发生了较大转变。生活水平的提升，使得汽车正在走入寻常百姓家。特别是加入世界贸易组织以来，我国汽车产量和消费量出现了突飞猛进的增长，这也带动了铅酸蓄电池以及铅行业的繁荣景象。展望未来，我国经济仍有望保持在 6% ~8% 的中等经济增速，经济结构的调整有望使得消费成为经济增长的主要动力。作为仅次于房地产市场的第二大消费领域，汽车行业的发展对于消费比例的提升仍是举足轻重的一环。这是我们看好中国汽车的关键所在。

另外，越来越多的外资汽车厂商也在不断扩大在我国的汽车产能，包括大众、福特以及日系车企正加紧布局我国中部以及西部地区的汽车市场，以获得我国汽车市场的全面发展，这些产能的释放将会有效地挖掘我国汽车消费的潜力。尽管我国已经成为全球最大的汽车生产国和消费国，但是我国人口基数较大，人均汽车保有量还处在较低的水平。特别是西部等面积广阔的地区汽车普及度还非常低，这些内在的因素也支撑了我国汽车市场的发展空间。截至 2012 年上半年，我国汽车保有量为 1.1 亿辆，但千人保有量仅为 81 辆，离欧美发达国家尚有不小的差距，这种差距也恰恰说明了我国的汽车行业仍有很长的路要走。

汽车用铅主要是启动型铅酸蓄电池的使用，汽车市场的稳定增长以及汽车保有量的提升将使得对铅的使用越来越多。由于汽车用蓄电池的使用寿命一般在 2 ~3 年，随着我国即将进入汽车社会，汽车保有量的扩张对于蓄电池的刚性需求将会逐步提升，这决定了我国汽车用铅将会是一个非常具有前景的行业。

（三）通讯行业：我国通信市场发展前景广阔

通讯行业也是我国铅消费的一个主要领域，当前我国正在全力推广3G网络的建设，相关的投资力度较大。通讯行业的技术进步也给通讯用的UPS蓄电池行业带来了长远的规划。据了解，2012年下半年开始，中国移动全面启动4G网络建设。其中包括：2013年开始在国内100个城市进行TD－LTE（我国4G技术标准）设备采购，以及2013年建成TD－LTE基站规模超过20万个，即2013年新建基站18万个，据介绍，这一投资总额将达到约1800亿元。除了中国移动外，中国电信和中国联通也已表态，将加快推进4G网络的商用进程，并宣布在上海等地进行4G网络规模测试，和各项试商用测试。可以预见，在未来5～10年，通讯行业都将保持一个较快的发展势头，这为UPS蓄电池的发展指明了一条明朗的道路。

九、国内铅现货情况怎样？

标准化的产品有助于现货交易的顺利进行。在精炼铅现货交易方面，主要遵循以下标准化等级：

1#铅锭标准：我国标准GBT469－2005的铅锭国家标准适用于电解法或火法精练生产的铅锭。其物理状态为铅锭分为大锭和小锭，小锭为长方梯形，底部有打捆凹槽，两端有突出耳部，大锭为梯形，底部有T形凸块，两侧有抓吊槽。小锭单重可为48KG±3KG、42KG±2KG、40KG±2KG、24KG±1KG这4个等级，大锭单重可为950KG±50KG、500KG±25KG这两个等级。根据国标GB/T 469－2005，国内铅锭按化学成分分为5个牌号：Pb99.994、Pb99.990、Pb99.985、Pb99.970、Pb99.940。

值得注意的是，精炼铅交易过程中对于运输和存储有很高要求：铅锭应用无腐蚀性质的运输工具装运，防止被雨淋。铅锭应储存在通风干燥，无腐蚀性物质的库房内。在运输与贮存过程中，铅锭表面会生成的白色、灰白色或黄白色薄膜，这是由铅的自然氧化性质决定的，这种情况下不作为报废处理。在交易过程中，每批铅锭应附有产品质量证明书（合格证），注明供方名称和商标、地址、电话或传真、产品名称和牌号、批号、净重和件数、分析检验结果和技术监督部门印记、本标准编号、出厂日期等详细信息。

我国重要的铅交易市场主要在上海、广州和河南的济源。主要流通的精炼铅品牌有：豫光、双燕、汉江、水口山 、火炬 、金沙 、金海 、南方 、沧江 、成源 、铜冠 、金利 、万洋 、云沙等。铅精矿报价交易集中在云南、甘肃、湖南、广西、内蒙古等地。

十、国内铅企业常用的定价模式有哪些？

精炼铅的价格是铅产业链上各个环节定价的基础。矿山出产铅精矿的出售价格一般等于精炼铅的价格减去加工费。在实际交易过程中，铅冶炼企业采购国产铅精矿时会以上海有色网 1#铅均价 - 加工费或期货结算价均价 - 加工费来计算。均价计算时间有长有短，计价期也有所不同。有以火车发货后（含发货日）5 个工作日的均价，也有以汽车运输到厂后（含到厂日）5 个工作日的均价计算，合同签订时一般会规定具体的定价模式。另一种生产精炼铅的原料是 2#铅，与铅精矿采购方式类似，只是加工费不同。

精炼铅企业进口铅精矿时，首先需要确定计价方式。铅精矿进口的计价有三种基本方式：一是铅精矿固定价格计价方式。二是铅精矿固定费用（回收率）计价方式。三是铅精矿滑动计价方式。一般国际贸易中多采用伦敦金属交易所（LME）点价或者“平均价 - 加工费 + 升贴水模式”来确定铅精矿价格。目前，国际上大多数生产商及买家仍倾向于采用月份平均价作为现货结算标准。LME 的每日结算价对全球市场的交易有着权威的影响力和指导性。以澳大利亚铅精矿长期合约为例，中国客户 6 月份装船的货在 7 月底或 8 月初到货，以 7 月份现货结算价的平均价作为最终的计价依据再加上运保费即溢价。

然后需要确定作价的基础，也就是基价。基价没有固定模式，可以是均价，也可以是现货或三月期货结算价，还可以是 LME 任意一个价位。均价的计价期一般有：（1）到货月下一个月。若到货日为 6 月 25 日，则为 7 月的现货均价。（2）M + 2（装船日的下两个月）或者 M + 4 等具体形式。点价一般是点现货价，需要至少一天提前通知点价价格。

最后确定加工费。加工费由买卖双方根据市场情况来商谈。一般来说，当卖家急于销售货物以周转资金时，可相应抬高铅精矿出口加工费以刺激中国买家的购买力。总的来说，若企业的定价方式是点价，那么在合同中规定了所有其他条款后双方同时约定，买方提供信用证后，合同约定的计价月期间由买方根据自己的判断或者需要进行定价；到计价月后，供需双方按此价格进行交易清算。若企业的定价方式是均价，那么在合同中规定了所有其他条款后，同时约定合同的清算价为计价月 LME 三月铅的平均结算价（铅精矿价格 = 平均结算价 - 加工费）。

在精炼铅销售的时候，长单销售和零单销售定价模式有所不同。长单销售一般按照一定时期的均价销售，可以上海有色网 1#铅均价或一段时间的期货价格均价来计算，也有长单按提货日价格定价的情况。零单销售一般按照现货市场当日的报价直接销售。

十一、现货交易与定价模式发生了怎样的转变?

在国内铅期货上市之前，由于没有公开的定价渠道和平台，铅定价缺乏透明度。国内现货交易过程中主要参考上海有色网（SMM）的报价，外购进口铅精矿主要根据 LME 市场铅价点价。这样的定价模式存在一系列弊端：一是上海有色网是通过询问上下游企业和贸易商综合对外报价，可能出现市场各方处于自身利益抬高或降低报价的情况。二是使用国产铅精矿的生产企业多数参照 SMM 月均价结算，若 SMM 报价虚高，生产成本增加，对冶炼厂的采购和销售均有不利。三是使用进口铅精矿的生产企业多数参照 LME 铅价点价结算，对铅冶炼企业存在一定的风险。

上海期货交易所上市铅期货以前，国内缺乏公开的铅定价平台也会使铅价波动带来的风险更多地停留在国内，对国内的企业不利。首先，国内铅需求旺盛，铅冶炼企业众多，需要大量进口铅精矿，而进口定价采取的是 LME 铅价点价的方式，没有期货价格可以做比较，国内企业需要承担较大的风险。其次，我国铅酸蓄电池生产企业众多，进口铅精矿的价格会传导到铅酸蓄电池的生产企业上去，但铅酸蓄电池市场上价格竞争激烈，成本的提高很难传导到产品价格上去，压缩铅酸蓄电池生产厂商的利润空间。最后，我国是铅酸蓄电池的生产和出口大国，由于成本传导不利，原料成本提高更多地滞留在国内，存在一定的输入型通胀风险。

国内铅期货的上市为铅交易提供了更为高效、透明的价格基础。国内现货交易依据期货市场交易价格，参照上海、广东市场以及 SMM 等网站的报价，结合公司的自身情况确定成交价格。在进口需求方面，国内铅期货上市之后，与 LME 的铅走势形成互动，通过跟踪和总结可以加强对进口时机的判断。

自 测 题

一、单选题

1. 铅的主要用途不包括(　　)。

A. 铅酸蓄电池　　B. 焊接金属的焊条

C. 油漆　　D. 铅笔

2. 用铅最多的行业是(　　)。

A. 铅弹　　B. 电缆护套

C. 电缆护套　　D. 铅酸蓄电池

3. 以下国家中，目前再生铅回收利用最低的国家是(　　)。

A. 美国　　B. 德国

C. 中国　　D. 日本

4. 在铅酸蓄电池的终端消费行业中，以下哪一个不是？(　　)

A. 汽车行业　　B. 玩具行业

C. 电动自行车行业　　D. 通讯行业

5. 以下哪一个省份的精炼铅生产以再生铅为主？(　　)

A. 河南　　B. 山东

C. 湖南　　D. 安徽

6. 2011 年我国精炼铅的消费量约占全球的比例是(　　)。

A. 20%　　B. 30%

C. 40%　　D. 50%

7. 我国精炼铅的主要品牌不包括(　　)。

A. 久隆牌　　B. 豫光牌

C. 水口山牌　　D. 双燕牌

8. 铅的化学符号是(　　)。

A. Cu　　B. Al

C. Zn　　D. Pb

9. 下列不是电解法优点的是(　　)。

A. 对银、金、铋和锑的分离效果好　　B. 基建投资较低

C. 铅、银等金属的回收率高　　D. 机械化自动化程度高

10. 目前电动自行车使用的电池主要是(　　)。

A. 锂电池　　B. 锌空气电池

C. 铅酸蓄电池　　D. 氢镍电池

二、判断题

1. 铅的主要消费行业是通讯行业。(　　)

2. 美国是目前全球再生铅回收利用最高的国家。(　　)

3. 全球精炼铅的生产主要集中在亚洲、美洲以及非洲，这三大地区的产量占全球产量的96%左右。(　　)

4. 中国不仅是全球最大的精炼铅消费国，也是最大的生产国。(　　)

5. 国内铅冶炼企业采购国产铅精矿一般以现货铅价减去加工费或者期货结算均价减去加工费来定价。(　　)

三、填空题

1. 铅产业链的参与主体主要有________、原生铅冶炼厂、铅酸蓄电池厂、再生铅企业等。

2. 世界上主要的铅矿山有美国的韦伯纳姆铅锌矿山、澳大利亚的________、伊萨山铅锌矿、加拿大的红狗铅锌矿山等。

3. 铅酸蓄电池的终端消费行业包括汽车、________、UPS系统等。

4. 铅精矿的定价方式为现货铅价格或期货价格减去________。

5. 中国的铅锌矿床富矿少贫矿多，平均铅品味仅为________，开采成本较高。

参考答案

一、选择题

1. D　2. D　3. C　4. B　5. D
6. C　7. A　8. D　9. B　10. C

二、判断题

1. ×　2. √　3. ×　4. √　5. √

三、填空题

1. 铅精矿厂　2. 坎宁顿银铅锌矿山　3. 电动自行车
4. 加工费　5. 1.99%

第二章 铅期货市场

【本章要点】

本章主要介绍了上海期货交易所推出铅期货合约的背景，对比了 LME 铅期货合约与上海期货交易所铅期货合约设计上的相同点和不同点，详细讲解了为什么期货交易采取保证金交易制度，通过案例说明了客户保证金变动的计算以及追加保证金的计算，介绍了铅期货合约的限仓和强制平仓制度、铅期货合约投资的主体以及投资者进行铅期货交易的基本流程。

一、为什么要推出铅期货合约？

铅期货合约是由期货交易所统一制订的、规定在将来某一特定的时间和地点交割一定数量和质量实物商品铅现货的标准化合约。上海期货交易所（SHFE，简称上期所）在铜和锌等基本金属品种稳步发展的基础上，进一步推出铅期货合约，主要有以下几个方面的原因：

1. 铅具备期货合约标的商品应有的属性。首先，铅易于交割，作为一种耐腐蚀的金属，良好的贮藏性能是其成为一个期货品种的基础；其次，铅的规格易于标准化，满足合约化标的物是标准化商品的要求；再次，铅上下游生产企业众多，下游消费虽然主要集中在蓄电池行业，但蓄电池行业也属于完全竞争性的市场结构，铅具有广泛的市场参与基础；同时，行业参与度的提高能为行业经济服务。

2. 铅期货合约的推出可以满足产业链企业的套期保值需求。铅价格的频繁波动对于铅产业链企业来说意味着风险的存在，产业链客户存在较强的保值需求，铅期货合约的推出为铅产业链企业提供了一个对冲铅现货价格波动风险的套期保值工具。通过利用上海期货交易所推出铅期货合约以来的历史价格数据与现货铅价格数据进行对比，发现两者在运行趋势上保持高度一致，两者的相关系数达到 0.9650，期货价格与现货价格的高度相关性以及两者的价差受期现套利影响保持在合理的范围内（见图 2－1），为套期保值企业利用铅期货进行套期保值操作提供了重要的前提和基础。

图 2－1　铅期货合约价格与铅现货价格走势对比

【案例 2－1——生产企业利用铅期货合约套期保值功能避险】

2012 年 3 月 14 日，市场上现货铅价为 15925 元/吨，生产企业 2 个月后需要卖出现货 25 吨，企业提前为防止未来铅价下跌的风险，在期货市场以

16050 元/吨的价格卖出 1 手期货合约。2 个月后现货价格为 15300 元/吨，企业在现货市场卖出铅 25 吨，同时在期货市场以 15130 元/吨的价格买入平仓（见表 2-1）。

表 2-1 套期保值效果评价表

	现货市场	期货市场
2012 年 3 月 14 日	2 个月后需卖出铅 25 吨，当月价格 15925 元/吨	卖出开仓 1 手期货合约，价格 16050 元/吨
2012 年 5 月 18 日	卖出 25 吨铅，市价 15300 元/吨	买入平仓 1 手期货合约，价格 15130 元/吨
盈亏	-625 元/吨	920 元/吨

从盈亏情况来看，铅现价虽然每吨下跌了 625 元，但是由于其在期货市场上的保值成功，在期货市场上每吨盈利了 920 元，综合起来每吨额外还盈利了 295 元，达到了套期保值的预期效果，现货市场上的亏损从期货市场得到了弥补。

3. 铅期货合约的推出可以发挥期货市场的价格发现功能，提高铅定价的透明度。期货市场是一个公开、公平、高效、竞争的市场，通过期货交易形成的期货价格具有真实性、连续性和权威性的特点，能够比较真实地反映出当时的市场状态。通过推出铅期货合约可以为铅现货定价提供客观的参考依据，发挥期货市场的价格发现功能。

随着我国铅产业在世界铅产业中的地位提升，世界对中国铅价透明度和敏锐性的要求越来越高。在铅期货合约上市之前，国内市场中上海有色网的铅价（SMM价格）是全国多数矿山企业、冶炼厂、铅贸易商和下游铅消费企业形成铅精矿价格和铅锭价格的重要参照依据。然而，SMM 的报价也存在一些问题与不足。例如，SMM 市场每日仅公布一次参考价，使得铅现货交易缺乏灵活性。因此，SMM 报价只是一个信息交流平台，而不是一个公开市场。在铅期货合约上市之后，通过市场公开交易的方式提高了铅定价的透明度。

4. 铅期货合约的推出有利于促进铅产业结构升级。交易所以市场化手段落实国家相关产业政策，如“铅锌行业准入条件”的产能规模要求、“清洁生产标准”的生产工艺要求、国标中的产品质量和存放要求。铅期货产品合约标的具有统一性要求，对交割的铅提出明确的质量、规格标准。参与铅期货交易的产品都是经过严格品级认证、在交易所注册、得到市场广泛认可的品牌。上海期货交易所上市铅期货可以提高企业产品品牌的认知度，扩大企业的影响力。这有利于促进中国铅企业改进生产工艺，提高产品质量，促进产业结构升级。

5. 铅期货合约的推出完善了有色金属期货产品序列。铜、铝、铅、锌是最大的四种有色金属，占常用的 6 种基本金属产量的 96%。铅期货的上市，为投资者提供了一个新的期货投资品种，能够满足各种类型投资者的投资需求和套期保值需求，并为编制和推出有色金属期货指数奠定基础。

二、LME 铅期货合约是怎样设计的?

伦敦金属交易所（LME）是全球最大的有色金属交易所，是全球有色金属的定价中心。LME 期货合约与国内期货市场交易的标准化期货合约有所不同的，LME 交易的期货合约更接近于一个远期合约。LME 合约是依照 3 个月期、15 个月期、27 个月期、63 个月期方法持续滚动交易的，与国内依照月份时间次序依次推出后续合约的方法不同。LME 市场由于采用做市商制度，而不是采用集合竞价的方法，各经纪公司对客户的报价也不一定与显示的价格完全相同。在交易方式方面，LME 有场内交易、综合交易、办公室间交易三种截然不同的交易方式。因此，LME 市场为现货企业提供了一个更灵活和多样性的交易渠道和方式。

LME 铅合约交易标的物为纯度至少 99.97% 的铅锭，合约的交易单位为 25 吨/手，报价单位为美元/吨，合约单位的最小变动价位为 0.25 美元/吨，交割地点是 LME 批准的各地区交割仓库，采用实物交割的方式，交割时间为 3 个月内任意一个交易日，3 到 6 个月的每周周三，6 到 15 个月的每月的第三个星期三。伦敦金属交易所铅合约的具体条款见表 2 -2。

表 2-2　伦敦金属交易所铅合约的具体条款

交易品种	铅
交易单位	25 吨/手
报价单位	美元/吨
最小变动价位	0.25 美元/吨
交易时间	12：05~12：10，12：40~12：45（正式牌价），15：25~15：30，16：00~16：05
交割日期	3 个月内任意一个交易日，3 到 6 个月的每周周三，6 到 15 个月的每个月第 3 个星期三
交割品级	标准品：铅锭，纯度至少 99.97% 以上并服从 BS EN 12659：1999 规定
交割方式	实物交割
交易代码	PB
上市交易所	伦敦金属交易所

三、上海期货交易所铅期货合约是怎样设计的？

一般而言，标准化的期货合约规定具有以下几个主要条款：

（1）标准化的数量和数量单位；

（2）标准化的商品质量等级；

（3）标准化的交割地点；

（4）标准化的交割期和交割程序；

（5）交易报价单位、每天最大价格波动限制、交易时间等。

我国期货市场的运作以及期货合约的设计主要是借鉴美国期货市场模式设计的，因此，与 LME 市场的期货合约相比存在一些差异性。例如，在具体条款的规定上，LME 合约与上海期货交易所期货合约之间在交割时间、交割地点、每天最大价格波动限制等方面存在不同之处。LME 合约的交割时间为 3 个月内任意一个交易日，3 到 6 个月的每周周三，6 到 15 个月的每月第三个星期三；而上期所合约的交割日期是最后交易日后的连续五个工作日。

上海期货交易所铅期货合约的标的物为铅，交易代码为 PB，期货合约的具体条款解读如下：

（1）标准化的数量和数量单位。铅期货合约的交易单位为 25 吨/手，报价单位为元/吨。上期所铅合约的标的物数量与伦敦金属交易所相同，也就是说如果投资者开仓买入 5 手铅期货合约，即买入了 125 吨的铅期货。

（2）标准化的商品质量等级。铅期货交割的标准品为铅锭，质量等级要求符合国标 GB/T 469 – 2005 Pb99.994 规定，其中铅含量不小于 99.994%，高于伦敦金属交易所 BS EN 12659：1999 规定的 99.97% 标准。上海期货交易所暂不设置铅锭交割品替代品。

（3）标准化的交割地点。铅期货的交割采取实物交割的方式，交割地点为上海期货交易所指定的交割仓库。

（4）标准化的交割日期和交割程序。铅期货的交割日期为最后交易日后连续五个工作日，即合约交割月份的 16 ~ 20 日（遇法定节假日顺延）。

（5）交易报价单位、每天最大价格波动限制、交易时间、最低保证金要求。上海期货交易所规定铅期货合约的最小变动报价单位为 5 元/吨，也就是一手合约最小价值变动为 125 元；交易时间为上午 9：00 到 11：30，下午 1：30 到 3：00；最低交易保证金为合约价值的 8%，而一般情况下期货公司会在这个标准上略有提高；每日价格最大波动限制为不超过上一交易日结算价 ±5%（见表 2 – 3）。

表 2 – 3　　上海期货交易所铅标准合约

交易品种	铅
交易单位	25 吨/手
报价单位	元（人民币）/吨
最小变动价位	5 元/吨
每日价格最大波动限制	不超过上一交易日结算价 ±5%
合约交割月份	1 ~ 12 月
交易时间	上午 9：00 ~ 11：30 下午 1：30 ~ 3：00
最后交易日	合约交割月份的 15 日（遇法定假日顺延）
交割日期	最后交易日后连续五个工作日

续表

交割品级	标准品：铅锭，符合国标 GB/T 469－2005 Pb99.994 规定，其中铅含量不小于 99.994%。
交割地点	交易所指定交割仓库
最低交易保证金	合约价值的 8%
最小交割单位	25 吨
交割方式	实物交割
交易代码	PB
上市交易所	上海期货交易所

四、为什么期货交易采取保证金制度？

保证金交易是期货交易重要特色之一，保证金制度就是按期货交易所的规定，交易参与者在进行交易时必须存入一定数额的履约保证金，以此作为期货合约履约的保证。因为期货市场是一个高风险、高收益的市场，当实际的价格波动与交易者的预期不一致时，交易者就面临着交易损失的风险，存在交易者违约的可能性，而在保证金制度保障下可以确保风险发生情况下期货合约仍能得到有效的履行。

保证金占合约价值的比例因合约种类与交易所的不同而有所差别，交易所可以根据市场状况动态调整保证金比率。一般来说，保证金数额通常为合约价值的 5% ~15% 左右，这意味着保证金制度使得交易者可用少量资金获取较大的收益，吸引大量投资者参与期货交易，提高期货交易的活跃度；另外，这种杠杆效应也可以节约期货市场套期保值者的资金占用成本，提高期货市场作为一种保值工具对套期保值者的吸引力。

五、如何计算铅期货交易保证金的占用？

交易所或结算机构按照相关交易规则向其会员收取交易保证金，作为会员的期货公司在此基础上再增加一定比例向其客户收取保证金。例如，上海期货交易所对铅期货合约规定的最低保证金要求是合约价格的 8%，一般期货公司收取的客户交易保证金是合约价格的 11%。其具体的计算公式如下：

铅期货交易保证金 = 合约价值 × 保证金比例

= 期货价格 × 交易单位 × 持仓手数 × 保证金比例

【案例 2 – 2 ——交易保证金的计算】

铅期货合约的交易单位为每手 25 吨，2012 年 5 月 3 日，若投资者交纳了 440000 元保证金，以 15900 元/吨的价格买入沪铅 1207 合约 10 手，期货公司的交易保证金一般为合约价值的 11%，客户保证金的计算如下：

投资者初始保证金 = 440000 元

投资者需要被占用的保证金 = 开仓价格 × 交易单位 × 持仓手数 × 保证金比例

= 15900 元/吨 × 25 吨/手 × 10 手 × 11%

= 437250 元/手

投资者买入 10 手合约总价值为 3975000 元的铅期货合约，需要的保证金数额仅为 437250 元。

除了在一般情形下的最低保证金规定之外，投资者还需注意铅期货交易保证金比率在不同运行阶段和持仓规模的变化。

（一）随着持仓量的增大，交易所将逐步提高该合约交易保证金比例

表 2 – 4 中列出了上海期货交易所铅期货合约持仓量变化时的保证金收取标准，很明显，随着铅期货合约持仓量的增大，交易所将逐步提高该合约的交易保证金比例，以控制市场风险。从进入交割月前第三月的第一个交易日起，当日结算时，若某一期货合约持仓量达到某一级持仓总量，则交易所依据规则对该合约全部持仓收取与持仓总量相对应的交易保证金。保证金不足的，应当在下一交易日开市前追加到位。

表 2 – 4　　铅期货合约持仓量变化时的保证金收取标准

从进入交割月前第三月的第一个交易日起，当持仓总量（X）达到下列标准时	铅交易保证金比例
X≤4 万	8%
4 万 < X≤6 万	10%
X > 6 万	12%

数据来源：上海期货交易所。

（二）期货合约上市运行的不同阶段规定不同的交易保证金

表2－5中列出了上海期货交易所对期货合约上市运行不同阶段的交易保证金收取标准，距离交割月份越近，交易保证金会逐步提高，这主要是有效防范进入交割月份以后可能出现的逼仓风险。

表2－5　铅期货合约上市运行不同阶段的交易保证金收取标准

交易时间段	铅交易保证金比例
合约挂牌之日起	8%
交割月前第二月的第十个交易日起	10%
交割月前第一月的第一个交易日起	12%
交割月前第一月的第十个交易日起	15%
交割月份的第一个交易日起	20%
最后交易日前二个交易日起	30%

数据来源：上海期货交易所。

六、如何理解铅期货交易的每日无负债结算制度？何时需要追加保证金？

每日无负债结算制度实际上是对持仓合约实施的一种保证金管理方式，其又被称为“逐日盯市”，是指每日交易结束后，交易所按当日结算价对会员所有合约的盈亏、交易保证金及手续费、税金等费用，对应收应付的款项实行净额一次划转，相应增加或减少会员的结算准备金。期货公司负责按同样的方法对客户进行结算。期货交易所应当在当日及时将结算结果通知会员。期货公司根据期货交易所的结算结果对客户进行结算，并应当将结算结果按照与客户约定的方式及时通知客户。客户应当及时查询并妥善处理自己的交易持仓。

根据每日无负债制度的规定，如果期货交易所会员“结算准备金”的余额低于规定的最低数额，交易所则要求该会员在下一交易日开市前30分钟补交，从而做到无负债交易。期货交易所会员应当及时追加保证金或者自行平仓。会员未在期货交易所规定的时间内追加保证金或者自行平仓的，期货交易所应当将该会员的合约强行平仓，强行平仓的有关费用和发生的损失由该会员承担。

根据每日无负债制度的规定，如果客户的保证金不足时，应当及时追加保证金或者自行平仓。客户未在期货公司规定的时间内及时追加保证金或者自行平仓的，期货公司应当将该客户的合约强行平仓，强行平仓的有关费用和发生的损失由该客户承担。

结算价的确定

当日有成交价格的期货合约，其当日结算价是指该合约当日成交价格按照成交量的加权平均价。当日无成交价格的期货合约，其当日结算价按照下列方法确定：

方法1　如果当日收盘时交易所计算机系统中该合约有买、卖双方报价的，按照最优的买方报价、卖方报价和该合约上一交易日的结算价格三者中居中的一个价格为该无成交合约的当日结算价。

方法2　如果当日该合约收盘前连续五分钟报价保持停板价格，且交易所计算机系统中只有单方报价时，则以该停板价格为该无成交合约的当日结算价。

方法3　除上述第1种和第2种方法之外的其他情况，该无成交价格期货合约的当日结算价按照下列方法确定：(1) 如果当日无成交合约其当日前一有成交的最近月份合约结算价的涨跌幅度 (%) 小于等于当日无成交合约当日的涨跌停板，则当日无成交合约结算价 = 该合约上一交易日的结算价 × (1 ± 该合约当日前一有成交的最近月份合约结算价的涨跌幅度)。(2) 如果当日无成交合约其当日前一有成交的最近月份合约结算价的涨跌幅度 (%) 大于当日无成交合约当日的涨跌停板，则当日无成交合约结算价 = 该合约上一交易日的结算价 × (1 ± 该合约的当日涨跌停板)。(3) 如果当日无成交合约前面所有月份合约当日均无成交，无法找到该合约当日前一有成交的最近月份合约结算价的涨跌幅度，则当日无成交合约结算价 = 上一交易日该合约的结算价。

【案例2－3——追加保证金的计算】

根据案例2－2中的数据，投资者持有的多头头寸当天未平仓，2012年5月3日沪铅1207合约结算价格为15855元/吨，此时投资者保证金账户的变动情况如下：

投资者的浮动盈亏 =（15855 - 15900）×25 ×10 = - 11250（元）

投资者最新的保证金权益 =440000 - 12500 =427500（元）

投资者此时需要被占用的保证金 =15855 ×25 ×10 ×11% =436012.5（元）

显然，此时投资者的保证金已不足，将被要求追加保证金至少 8512.5 元。

七、如何理解铅期货交易的限仓制度？

限仓是指交易所规定的会员或者客户对某一合约单边持仓的最大数量。限仓制度主要的作用是在于防范期货市场的风险过度集中于少数投资者，同时，也可以避免因少数投资者的头寸过大而造成对市场波动的影响，以防范会员或客户对市场价格进行操控。

在国际上，限仓制度一般仅限于投机头寸，套期保值交易享有豁免权，从而达到在控制市场风险的情况下，充分考虑套期保值企业的合理持仓需求。上海期货交易所发布套期保值管理办法，专门对企业套期保值头寸的申请进行审批和监管。国内企业因业务经营需要进行套期保值交易的，在正常情况下不受限仓制度的限制。获准套期保值交易头寸的会员或客户，应当在该套期保值所涉合约最后交易日前第三个交易日收市前，按批准的交易部位和头寸建仓。在规定期限内未建仓的，视为自动放弃套期保值交易头寸。交易所对套期保值交易的持仓量单独计算，在正常情况下不受持仓限量的限制。

上海期货交易所对铅期货合约限仓制度的具体规定如下：从合约挂牌起至交割月，对期货公司会员实行比例限仓。在此期间，当某一铅期货合约持仓量≥4 万手时，期货公司会员限仓比例为 20%。从合约挂牌起至交割月，分三个阶段对非期货公司会员和客户投机头寸实行数额限仓：从合约挂牌至交割月前第二月的最后一个交易日，对非期货公司会员、客户限仓数额为 500 手；进入交割月前第一月开始，对非期货公司会员、客户限仓数额为 200 手；进入交割月份后，对非期货公司会员、客户限仓数额为 60 手（见表 2 -6）。

表 2-6　　铅期货合约在不同时期的限仓比例和限仓规定

<table>
<tr><td colspan="2">合约挂牌至交割月份</td><td colspan="2">合约挂牌至交割月前第二月的最后一个交易日</td><td colspan="2">交割月前第一月</td><td colspan="2">交割月份</td></tr>
<tr><td rowspan="2">某一期货合约持仓量</td><td>限仓比例（%）</td><td colspan="2">限仓数额（手）</td><td colspan="2">限仓数额（手）</td><td colspan="2">限仓数额（手）</td></tr>
<tr><td>期货公司会员</td><td>非期货公司会员</td><td>客户</td><td>非期货公司会员</td><td>客户</td><td>非期货公司会员</td><td>客户</td></tr>
<tr><td>≥4 万手</td><td>20</td><td>500</td><td>500</td><td>200</td><td>200</td><td>60</td><td>60</td></tr>
</table>

数据来源：上海期货交易所。

八、如何理解铅期货交易的强行平仓制度？

强行平仓是当会员或客户违规时，交易所对其有关持仓实行平仓的一种强制措施，其目的是控制期货交易风险。强行平仓的原则是先由会员自己执行，若在规定时限内会员未执行完毕，则由交易所强行执行，因结算准备金小于零而被要求强平的，在保证金补足前，禁止相关会员的开仓交易。

我国期货交易所规定，当会员、客户出现下列情况之一时，交易所对其持仓实行强行平仓：

（1）会员结算准备金（客户保证金）余额小于零，并未能在规定时限内补足的；

（2）持仓量超出其限仓规定的；

（3）相关品种持仓没有在规定时间内按要求调整为相应整倍数的；

（4）因违规受到交易所强行平仓处罚的；

（5）根据交易所的紧急措施应当予以强行平仓的；

（6）其他应当予以强行平仓的。

强行平仓由交易所以“强行平仓通知书”的形式下达到会员单位，开市后，一般先由会员自己执行，时限除交易所特别规定外，一律为开市后第一节交易时间内。若在特定时限内会员未执行完毕，剩余部分由交易所强制执行，执行完毕后由交易所记录执行结果并存档，最后发送强行平仓结果（见图 2-2）。

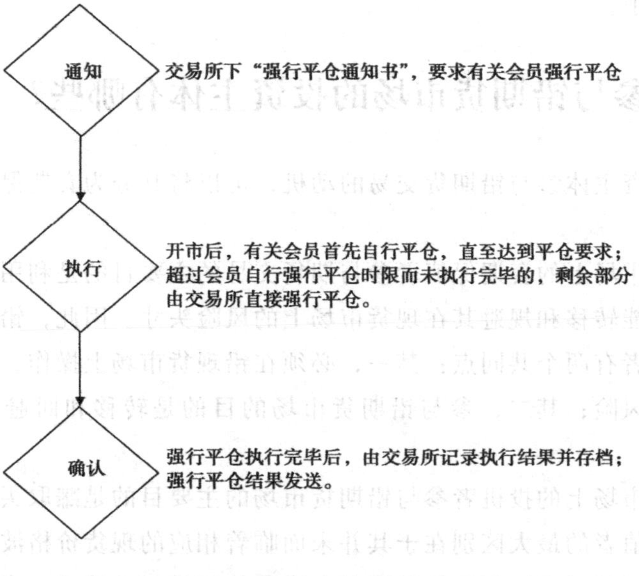

图 2-2　强行平仓的具体流程图

【案例 2-4——强行平仓】

根据案例 2-3 中的资料，2012 年 5 月 3 日，投资者持有的 10 手沪铅 1207 合约未平仓，但是，投资者的保证金已不足，将被要求追加保证金至少 8512.5 元。但是，投资者收到保证金追加通知书后并未采取任何措施。

2012 年 5 月 4 日，沪铅 1207 合约的开盘价格为 15795 元/吨，此时投资者保证金账户的变动情况如下：

投资者的浮动盈亏 =（15795 - 15855）×25×10 = -15000（元）

投资者最新的保证金权益 = 427500 - 15000 = 412500（元）

投资者此时需要被占用的保证金 = 15795×25×10×11%

= 434362.5（元）

412500 元的权益能持有的合约数 = 412500/（25×15795×0.11）

= 9.50（手）

因此，期货公司在通知客户之后，如果发现客户在指定时间内仍未采取任何措施，那么期货公司可以对其持仓实施部分强制平仓。经计算，412500 元的权益保证金最多能持仓 9.50 手合约，所以期货公司可以将该客户的持仓强平掉 1 手。

九、参与铅期货市场的投资主体有哪些？

根据投资主体参与铅期货交易的动机，可以将其分为套期保值者、投机者和套利者。

铅期货市场上的套期保值者参与期货交易的主要目的是利用期货市场的套期保值功能转移和规避其在现货市场上的风险头寸。因此，铅期货市场上的套期保值者有两个共同点：其一，必须在铅现货市场上操作，面临铅现货价格波动的风险；其二，参与铅期货市场的目的是转移和回避现货价格风险。

铅期货市场上的投机者参与铅期货市场的主要目的是赚取买卖价差。他们与套期保值者的最大区别在于其并未面临着相应的现货价格波动风险。投机者通常依据其对铅期货价格的预测来决定他们的行动策略。当预测铅期货价格将要上涨时，他们通过选择时机先买入铅期货合约，等待将来价格上涨后再卖出平仓，此类交易者被称为“多头”；而当预测铅期货价格将要下跌时，他们通过先在期货市场上卖出铅期货合约，等待将来价格下跌后再买入平仓，此类交易者被称为“空头”。无论是“多头”还是“空头”投机者，均要承担铅期货价格变动与其预测方向不一致的风险，以换取可能带来的价差收益。

铅期货市场上的套利者参与铅期货市场的主要目的是通过相对价格变动来获取回报。他们与投机者一样，也没有面临相应现货价格波动风险。但他们与投机者也存在很大的区别，他们关注的是相对价格变动而不是绝对价格变动，他们通过买入（卖出）若干铅期货合约的同时，卖出（买入）若干相匹配数量的其他相关期货合约，并等待相应合约的价差变动而获利。卖出（买入）的其他相关期货合约要求与所买入（卖出）的铅期货合约在价格上保持较强的相关性，两者的价差变化呈现出一定的规律性，具体来说包括在同一市场上交易但到期期限不同的铅期货合约、不在同一市场上交易的铅期货合约、或者与铅价格保持密切相关性的锌期货合约等。

铅期货市场中的三类交易者是铅期货合约能否充分发挥其功能的重要保

障，三者缺一不可。首先，如果没有套期保值者，铅期货市场就没有经济上的存在意义，因为铅期货市场的最重要目的是为铅产业链相关企业的现货经营提供风险管理等方面的服务。套期保值者的交易是铅期货市场上供求关系的主体。然而，如果铅期货市场上只有套期保值者进行交易，铅期货合约的流动性将难以得到保障，从而无法实现其利用铅期货市场转移价格风险的目的。而增强铅期货市场的流动性正是投机者所扮演的重要角色，大量投机者的存在极大地提高了铅期货合约交易的流动性和定价效率，减小了套期保值者利用铅期货合约进行套期保值的交易成本。另外，大量套利者的存在则进一步提高了铅期货合约的定价效率，因为套利的本质就是利用不同市场上（或同一市场上不同期限合约）的价格差异，在低价市场上买进到高价市场上卖出，从中赚取价差。大量此类套利活动的结果是低价市场上期货合约的需求增加，价格上升；高价市场上期货合约的供给增加，价格下降；直到最终两个期货合约价格达到均衡状态后，套利活动才会停止，从而形成无套利下的均衡价格。

名人名言

凯恩斯认为："如果一个期货合约只考虑投机方的利益，这种合约绝对没有获得成功的希望。要使一个市场能够运转下去，就必须有一种真正的、起基础性作用的套期保值动机"。

自 测 题

一、单选题

1. 金属铅的主要用途为下列哪一方面？（　　）

A. 航空航天业　　B. 导电管线行业

C. 蓄电池行业　　D. 建筑业

2. 以下哪项不符合伦敦金属交易所铅期货合约的要求（　　）。

A. 最小变动单位：0.25 美元/吨　　B. 交易单位：25 吨/手

C. 交易代码：PB　　D. 交割品级纯度 99% 以上

3. 以下哪项符合上海期货交易所铅期货合约的要求(　　)。

A. 最小变动单位：10元/吨　B．交易单位：25吨/手

C. 最后交易日：合约交割月份的30日　D．交割品级纯度99%以上

4. 某投资者在上海期货交易所以15000元/吨的价格卖出铅期货合约10手，交易保证金为10%，求其占用的保证金数额为(　　)。

A. 375000元　B. 150000元

C. 225000元　D. 1500000元

5. 从进入交割月前第三月的第一个交易日起，当持仓总量变为大于3万手小于4万手时，铅交易的相应保证金比例应该调至(　　)。

A. 8%　B. 10%

C. 12%　D. 16%

6. 需要追加保证金的情况不包括以下哪种？(　　)

A. 临近交割期

B. 交易所特定情况需要追加保证金时

C. 连续涨跌停

D. 小幅盈利但并未达到限仓额度时

7. 铅期货合约自交割月份第一个交易日起对客户的限仓额度为(　　)手。

A. 60　B. 200

C. 20　D. 500

8. 何种情况下会启动强行平仓制度？(　　)

A. 持仓量达到60%以上时

B. 结算准备金不足5000元但大于0

C. 交易保证金略高于交易所要求

D. 交易所特殊要求或有违规操作

9. 下列哪种群体不属于直接参与期货交易的主要群体？(　　)

A. 铅生产企业　B. 铅销售企业

C. 投机交易者　D. 汽车销售商

10. 铅期货交易中，哪种类型的投资者向交易所申请之后可以获得限仓额度的豁免权(　　)。

A. 铅期货的套利者

B. 铅期货的投机客户

C. 进行套期保值的铅企业

D. 参与铅期货交易的铅现货贸易商

二、计算题

1. 某日从开盘到收盘，铅期货的成交情况为：15000 元 100 手，15010 元 200 手，15020 元 500 手，则结算价格为多少元/吨？

2. 某投资者开盘以 15000 元/吨的价格买入 1207 铅合约 10 手，当日将这 10 手合约以 15100 元/吨的价格卖出，当日此投资者的盈亏为多少？

3. 某投资者进行铅期货交易，其开仓价为 15000 元/吨，买入 2 手。在不超过限仓额度的条件下，该交易者以 15000 元/吨的成交价增仓至 5 手。保证金收取水平为 11%。此时该交易者须追加多少保证金？

参考答案

一、单选题

1. C	2. D	3. B	4. A	5. B
6. D	7. A	8. D	9. D	10. C

二、计算题

1. 15015 元/吨　　2. 25000 元　　3. 123750 元

第三章 影响铅价变动的因素

【本章要点】

通过回顾历史铅价的走势，总结了铅价波动的一些特征，并主要从供需、宏观环境、产业政策、环保政策、科技发展、铅酸蓄电池行业的发展、铅的生产成本、投资需求等方面对铅行业以及铅价的影响因素做了重点分析，还列举了影响铅价的一些其他因素。

一、历史铅价变化有何特点?

在了解影响铅价变动的主要因素之前，我们首先简单地回顾一下铅价的走势。第一阶段是从 1987 ~ 2004 年，这段时期铅的供需大体平衡，LME 期铅呈现出低位区间交易特征，其价格波动的区间大概在 360 ~ 1000 美元。其中，90% 以上的时间里 LME 期铅价在 375 ~ 915 美元相对较窄的区间内运行。第二阶段是从 2004 ~ 2007 年，伴随着中国经济的高速成长以及需求的强力拉动，铅价走出一波牛市的特征，其中 LME 铅价在 2007 年 10 月创下到目前为止的顶峰3895美元。第三个阶段是从2007年底至2009年，金融危机的爆发致使全球经济遭遇重创，需求下滑导致铅的供应出现了明显的过剩，铅价从高点一路下探至1000美元附近。第四个阶段是2009年至今，金融危机之后全球处于宽松的货币体系之下，通货膨胀出现明显抬头，金融属性在铅价的权重占比中有所提高，随之而来的是铅价的波动更趋于频繁（见图3-1）。

图3-1 LME3月铅收盘价

最后我们总结出历史铅价的一些特征：

（一）供需是主导因素

回顾铅价的历史趋势，我们从中发现供需基本面在其中扮演了一个决定性的作用，尽管在短期时间内（比如几个月甚至更长）价格可能脱离基本面走出相反势头的情况，但是从一个大周期来看，供需基本面仍是决定价格走向的根本原因。

（二）金融属性的作用得到升华

在历史的很长一段时间，铅价的波动都是较为平稳的，波动的规律大多比较容易把握。金融危机的爆发让这种价格的波动趋于复杂化，而且频率明显加快、波幅也明显放大。除了商品属性的本质力量之外，我们看到金融属性在其中扮演的角色越来越重要。

（三）通货膨胀抬升价格的运行区间

金融危机之后全球处于一种相对宽松的政策环境之下，相对于商品的价值而言，货币处于一种贬值的状态，铅的相对稀缺性得到进一步的确认，当前铅价的运行区间相对于历史铅价的均值有了较为明显的提升。

二、供求关系变化对铅价有怎样的影响?

在现有的分析框架下，商品属性和金融属性共同决定着铅价的走势，但是金融属性背后的逻辑也大都依赖于商品属性（主要是供求关系）。表 3－1 是 2007 年以来全球精炼铅的供需平衡表。该供需平衡对铅价的影响主要分为三个方面。

表 3－1　　　2007 年以来全球精炼铅的供需平衡表

全球（万吨）	2007	2008	2009	2010	2011
产量	857	877.2	867.9	938.9	1000.2
消费量	833.2	851.9	847.2	922	958.9
供需平衡	23.8	25.3	20.7	16.9	41.3

数据来源：ILZSG、安泰科。

（一）供需平衡主导铅价运行的大方向

中国在 2002 年就超越了美国成为全球第一大铅消费国，之后的几年中国经济实现了飞跃式的发展，工业化和城市化进程进入高度扩张阶段，富裕人群的增加也带动了电动车和汽车的强大需求；手机等通讯设备的发展进入快速阶段，蓄电池的产量一年一个台阶，对铅的消费需求量日益增加。同期铅的产量增加却十分有限，实际上一个铅矿从发现到真正投入运行的周期一般都在五年之上，铅的供应短缺也导致了随后的铅价大幅上涨并在 2007 年创下了 3895 的历史高点。

铅价的大幅攀升也带来了铅矿企业利润的增加，矿山产量随后进入一种爆发式的增长，供应量的增速明显超过了需求量的增速。从 2007 年开始铅的供需平衡偏向过剩，当年供应过剩为 23.8 万吨，这种供应过剩现象在随后的几年都在持续，并在 2011 年攀升到了 41.3 万吨，铅价的风光不再，转而进入一路下跌的趋势。

归结来看，供需平衡是铅价波动的大方向指引，供应短缺会导致价格出现上涨，供应过剩会导致价格出现回落。

（二）供需平衡对铅价的影响具有一定的滞后性

表3-1反映出2007年底铅的供应量超过了需求量，我们发现在2007年之前的时间点上就已经出现了需求增速赶不上供应增长的节奏，但是铅价还是一路高歌猛进并随即创出了历史的新高。相对于供应来说，需求的统计并不那么直观，它存在一定的滞后性，这也导致了供需平衡所反映的价格与真实价格之间会存在差异。

（三）供应和需求的相对变化更能反映价格的真实走势

从2007年到2010年，铅供应量的平均增速仅为3.2%，但是消费量的平均增长却达到3.6%，消费增长快于供应增长；从变化量上看来，这三年的供应增加量为81.9万吨，同期消费量增加为88.8万吨，消费情况要好于供应情况。尽管铅价在金融危机之下出现重创，但是危机之后铅价仍是走出了稳步改善的迹象，直到2011年由于过剩量增加而再度出现回落。因此，当需求量的变化要相对好于供应量的变化之时，铅价总体趋于改善；而需求量的变化差于供应量的变化，铅价总体趋于恶化。

总的来说，单独地谈论供应的变化以及需求的变化并不能真正得出价格走势的趋势，供应和需求之间所反映的一种相对变化才会导致价格曲线出现调整，也就是最终我们得出的供需平衡表上所反映的最终决定力量。

三、宏观经济环境对铅价产生怎样的影响？

宏观经济指的是总量经济活动，即国民经济的总体活动，是指整个国民经济或国民经济总体及其经济活动和运行状态，如总供给与总需求、国民经济的总值及其增长速度、国民经济中的主要比例关系、物价的总水平、劳动就业的总水平与失业率、货币发行的总规模与增长速度、进出口贸易的总规模及其变动等。宏观经济环境对铅价的影响主要考虑以下两点：

（一）对铅的供需有传导作用

宏观经济环境对大宗商品的供需具有间接的传导作用。经济环境的改善不是一朝一夕的，需要一个持续的过程。铅作为有色金属中的重要一员在宏观经济运行中扮演着重要的角色，因其被广泛运用于电动车、汽车制造、通讯等行业，与宏观经济呈现正相关关系。经济环境的改善必然伴随着相关行业的铅需求改善，从而对铅的基本面情况形成实际利好，铅价从中受益；相反经济萎缩，相关行业的投资和行业需求出现回落，铅价受到打压。宏观经济环境是一个大方向的指引，我们很难脱离大环境政策去单独地谈论铅这个行业，这就像我国的五年规划一样，让我们对未来的发展方向有一个相对明确的思路，这对把握铅行业的大势以及铅价的走势有着至关重要的作用。

（二）对投资者情绪产生影响

经济大环境对整个金融市场的影响作用较大，这会从投资者情绪中得到一种反馈。比如重要经济数据的公布（如 GDP 增速、失业率、PMI 数据以及美国非农就业数据等）直接对投资者形成对整个经济环境的一种判断，那么股市和大宗商品会做出利好或者利空的一种反应。因此，铅作为大宗商品中的一个品种，一般会跟随整个金融市场出现同样的调整。

四、产业政策如何影响铅价变动?

产业政策是政府为了实现一定的经济和社会目标而对产业的形成和发展进行干预的各种政策的总和。产业政策的主要作用可以概括为弥补市场缺陷、有效配置资源、保护幼小民族产业的成长、熨平经济震荡、发挥后发优势、增强适应能力。产业政策的变动和调整对于一个行业来说至关重要。

（一）对铅的供应有一个相对清晰的认识

产业政策中一般会对铅的产能和产量有一个相对明确的规划。对于新建产能以及淘汰落后产能一般也都容易从每年公布的信息中了解到最新的进展情况，比如铅精矿的产能和产量、再生铅产能和产量等，原料供应方面相对容易把握。

（二）产业政策影响消费情况

对于铅的终端行业，政府在规划中也会作出一个大方向的确定。比如“十二五”期间建设 3600 万套保障房，对于汽车、电动车以及铅酸蓄电池等各行业的产业政策中的规划，我们可以从相关行业中的一些信息中作出预测。在后面的章节，我们将具体详细地分析相关行业的未来发展情况。

通过对终端行业的分析，结合历史情况以及对未来的一个大方向的把握，从而对铅的消费情况做一个大致的估算。产业政策的规划涉及铅行业基本面的动态变动，结合对供应和需求方面的分析，从而对铅价有一个相对全面的认识。

“十二五”规划中对有色金属工业的发展道路、发展方向作出了明确的规划，对铅行业的发展也指明了方向。针对铅行业，“十二五”规划中提出：

1. 要大力调整产业结构。调整优化产业布局，统筹规划，坚持上大与压小相结合、新增产能与淘汰落后相结合，优化有色金属生产力布局。以满足内需为主，严格控制资源、能源、环境容量不具备条件地区的有色金属冶炼产能。

2. 要加快资源基地建设。以加快境外铜、铝、铅、锌、镍、钛等原料供应基地建设为重点，形成一批境外矿产资源基地。进一步加强国内重点成矿地带的普查与勘探，增加资源储量，提高查明资源储量利用率，积极开展现有矿山深部边部找矿，延长矿山服务年限。

3. 加快企业技术进步。首先需要增强创新能力。围绕有色金属工业发展重点和难点，在矿产资源勘查、节能减排、提高资源利用率、先进材料制备等领域，加快建立以企业为主体、市场为导向、产学研相结合的技术创新体系，大力培育企业的应用技术研发与创新能力，创新投入机制，强化共性技术研究平台建设，推动企业、科研院所和高校共同开展前沿共性技术攻关，着力突破核心关键技术和共性基础技术，充分发挥科技对产业升级的支撑作用，提高产业核心竞争能力。

4. 加大重金属污染防治力度。“十二五”规划规定，以重有色金属污染防治为重点，按照《重金属污染综合防治“十二五”规划》和《重点区域大气污染联防联控“十二五”规划》要求，遵循源头预防、过程阻断、清洁生产、末端治理的全过程综合防控原则，加快重点区域重金属污染防治。

5. 大力推进节能减排。控制高耗能产业过快增长，提高节能环保市场准入门槛，严把土地、信贷两个闸门，严格控制新建高耗能、高污染项目。

“十二五”规划中提出在2011～2015年这五年中铅产量增长总量达550万吨，产业布局及组织结构将得到优化，产品品种和质量基本满足战略性新兴产业需求，产业集中度进一步提高，到2015年，前十家铅冶炼企业产量占全国的比例将达到60%，企业生产经营管理信息化水平将得到大幅度提升。铅是重污染工业，铅行业的绿色发展越来越受到重视，国家也出台相应法规对铅企业进行环保整顿。在这之中，再生铅行业和铅酸蓄电池行业的整顿政策对铅的基本面和铅价都产生了重大影响。

五、环保政策对铅价带来怎样的冲击？

相对于其他有色金属来说，铅的危害性和污染性更为严重，近几年来关于铅中毒事件层出不穷，这也多次引起国家和地方政府的高度关注。由于重金属铅可以通过呼吸道、消化道等多种途径进入人体并在体内积蓄，在体内积累到一定量后会对人体造成危害。近年来爆发的数起“血铅”事件让环保部决心对铅酸电池行业进行根治。从2011年起，环保部对再生铅和蓄电池行业进行全面的环保核查，不达标的企业一律关停。

铅对人的危害性有哪些？怎样防止铅中毒事件？

铅进入人体后，除部分通过粪便、汗液排泄外，其余在数小时后溶入血液中，阻碍血液的合成，导致人体贫血，出现头痛、眩晕、乏力、困倦、便秘和肢体酸痛等；有的口中有金属味，动脉硬化、消化道溃疡和眼底出血等症状也与铅污染有关。小孩铅中毒则发育迟缓、食欲不振、行走不便和便秘、失眠；若是小学生，还伴有多动、听觉障碍、注意力不集中、智力低下等现象。这是因为铅进入人体后通过血液侵入大脑神经组织，使营养物质和氧气供应不足，造成脑组织损伤所致，严重者可能导致终身残废。特别是儿童处于生长发育阶段，对铅比成年人更敏感，进入体内的铅对神经系统有很强的亲和力，故对铅的吸收量比成年人高好几倍，受害尤为严重。铅进孕妇体内则会通过胎盘屏障，影响胎儿发育，造成畸形等。

有效地防止铅中毒，是当今科学家正在探索、攻克的课题之一。但作为个人，加强防范、进行自我保护是十分重要的。首先不要使用含铅材料做饮食用具，最好不要用彩釉陶瓷制品盛装酸性食物和饮料；尽量少到汽车流量大、铅污染严重的街道或公路旁去，尤其是小孩更应格外注意。汽车驾驶员切勿用嘴吸汽油，在行车中与前车保持一定距离，在拥挤的道路上，最好关上车窗；交通警察、汽车修理工和汽油站工人下班后要及时洗浴、更衣等，定期到医院做检查，以便及时发现和治疗。

总之，要提倡科学、安全用铅，既要在宏观上尽量避免和根除铅的污染源，又要在

微观上人人自己保护自己，拒铅于“千里之外”。

（一）再生铅行业政策

目前，再生铅产业的现状是，具有再生铅资质的企业少之又少，尤其在2011年环保风暴后全国仅存23家（整顿之前为186家）。与此同时，不具备处理资质的作坊式冶炼厂大量分布在全国各地。它们喜欢藏身于省与省之间的交界处，难以排查，规模一般不超过十人，投入成本从几万元到几百万元不等，游击作战，若藏匿之处被发现则快速转移，因此目前真正在进行再生铅生产的企业的数量完全无法统计。这些作坊式毫无环保措施的冶炼小厂占整个再生铅冶炼产能的70%。规模化铅处理和小作坊式处理流程图见图3-2。

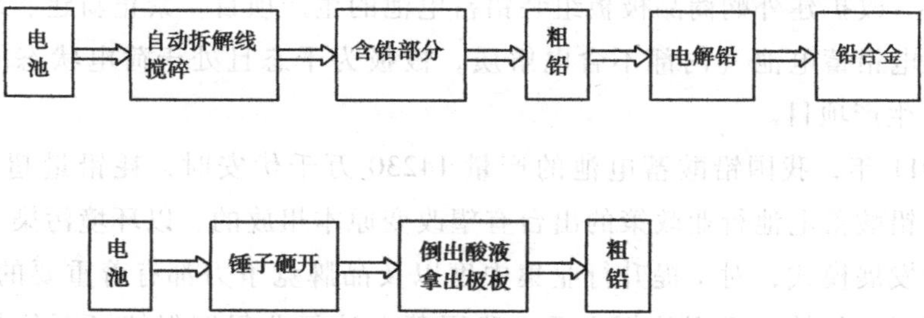

图3-2 规模化铅处理（上）和小作坊式处理（下）的流程图

我国在2011年8月发布了《再生铅行业准入条件（征求意见稿）》，要求新建、改扩建再生铅项目单系列生产能力必须在5万吨/年以上，现有再生铅企业单系列生产能力不低于3万吨/年。到2013年底以前，淘汰所有生产规模在3万吨/年以下的再生铅企业。

就短期来看，再生铅行业政策的实施将会使得市面上存在的大量小作坊式的企业面临淘汰。再生铅的产量占据我国铅产量的30%左右，行业政策若彻底落实将会影响到约20%的铅供应量（实物量大概80万~90万吨的铅），对于短期铅的供应方面还是会造成较大的冲击。从中长期来看，政策的落实有望使我国产生一大批规模化的再生铅企业，回收利用效率必然会有一个大幅的提升，再生铅在一次铅产量的占比方面有望向发达国家靠拢。

（二）铅酸蓄电池行业政策

《铅蓄电池行业准入条件》（意见稿）规定，新建、改扩建蓄电池企业

(项目)，建成后同一厂区年生产能力不应低于50万千伏安时（按单班8小时计算)。现有铅蓄电池企业（项目）同一厂区年生产能力不应低于20万千伏安时；现有商品极板（指以电池配件形式对外销售的铅蓄电池用极板）生产企业（项目)，同一厂区年极板生产能力不应低于100万千伏安时。卷绕式、双极性、铅碳电池（超级电池）等新兴铅蓄电池建设项目，不受生产能力限制。

《铅蓄电池行业准入条件》（意见稿）还规定，禁止生产开口式普通铅蓄电池（指采用酸雾未经过滤的直排式结构，内部与外部压力一致的铅蓄电池)，现有生产线应予以淘汰。禁止新建、改扩建商品极板生产项目。禁止新建、改扩建外购商品极板组装铅蓄电池的生产项目。禁止新建、改扩建干式荷电铅蓄电池（内部不含电解质，极板为干态且处于荷电状态的铅蓄电池）生产项目。

2011年，我国铅酸蓄电池的产量14230万千伏安时，耗铅量超过300万吨。铅酸蓄电池行业政策的出台有望改变原本粗放的、以环境污染为代价的行业发展模式，对于提升行业集中度以及品牌竞争力都有着重要的作用。在经历了去年的一系列整顿之后，我国蓄电池行业仍旧保持了两位数的增长，可见行业本身的发展环境仍然是值得肯定的。预计“十二五”期间铅酸蓄电池年均增长率将达16%，2012年铅酸电池产量将达24000万千伏安时，一次性耗铅量将有望达到820万吨，较2011年的消费总量翻一番。

六、科技发展对铅价有怎样的影响?

科技的发展对于铅酸蓄电池行业将会起到促进作用，这会消耗大量的铅。主要体现在以下几方面:

(一) 新能源汽车

“十二五”期间国家对于新能源汽车的支持力度加大，鼓励新能源汽车的发展。目前新能源汽车主要分为纯电动汽车和插电式混合动力两种。截至目前，我国在运营的新能源汽车只有4000辆，离2015年规划的50万辆相距甚远。目前，我国新能源汽车仍旧面临一系列的问题：一是新能源汽车整车开发以改装为主，只是在现有车型上更换动力系统，并非真正意义上的新能源汽车；二是动力电池、电机、电子控制等关键零部件性能尚有较大差距，系统集成能力不强；三是尚未打通新能源汽车产业技术链，关键材料、核心零部件、制造装备和试验测试设备基本依赖进口。我国新能源汽车离真正的规模化发展还有很长的一段路要走，因此短期来看新能源汽车对于铅的消费拉动力量还比较薄弱，但是长远来看新能源汽车是一个大的发展趋势，特别是随着原油的供应日益受到限制的时候。

（二）环保技术

我国在再生铅行业还存在着大量的低效率、高污染以及隐形性等现象，由于小作坊式的回收再加工成本低廉，对于那些已经取得资质、进行正规性生产的再生铅企业来说无疑是一个巨大的伤害。另外由于铅的污染性严重，近些年来出现的一系列“血铅”事件也对我国的再生铅企业造成了巨大的冲击，大力发展环保技术，不仅有利于保护再生铅企业的合法利益，也有利于整个行业的健康可持续发展。

（三）通讯行业

科技的发展也带来了通讯行业的技术革命，随着3G技术的推广和4G技术的问世，我国在通讯网络铺设以及电站建设方面的需求量较大。因此，通讯行业对于铅酸蓄电池的需求量有望保持稳定的增长。

未来科技的发展对于铅的相关行业的可持续发展以及扩展铅的消费利用会有一个较大的提升，但是目前我们也在诸多行业面临着技术难关以及高生产成本方面的难题，比如新能源汽车以及环保技术等方面，还需要依靠政府的扶持。因此，短期来看科技发展对于铅的消费推动还比较有限，但中长期的力量不可忽视。

七、铅酸蓄电池行业的发展对铅价有怎样的影响？

前面我们分析了我国铅的消费结构，其中铅酸蓄电池占据了铅消费80%的份额，可以说铅酸蓄电池行业的发展关乎铅行业的发展。在我国铅酸蓄电池的主要应用领域包括汽车、电动自行车、摩托车以及通信UPS等行业，除此之外我国还有一部分铅酸蓄电池用于出口，厘清铅酸蓄电池的终端消费对于把握铅价有着非常重要的意义。

（一）汽车保有量提升带动铅酸蓄电池发展

由于汽车的一系列优惠政策取消，2011 年我国汽车产销分别为 1841.89 万辆和 1850.51 万辆，增速仅为 0.84% 和 2.45%，相较前两年 20% 以上的增速出现了明显回落。2012 年上半年我国汽车产量和销量分别为 952.92 万辆和 959.81 万辆，增速分别为 4.08% 和 2.93%，比 2011 年有所好转。随着下半年刺激消费政策的落实，预计全年汽车产销有望超过 1900 万辆，增速大概在 5% ~8% 之间。整个“十二五”期间，由于汽车基数的扩大以及经济增速的放缓，我国的汽车消费增速有望降至个位数，但是增长的趋势不会改变，汽车对蓄电池的需求量仍然会保持平稳较快的发展，由此所带来的铅的需求量也会攀升。

除了增量的变化之外，汽车保有量的提升对于蓄电池的需求也较大。一般来说汽车的使用周期在十年以上，而普通蓄电池的使用寿命只有两年多。汽车保养对于更换蓄电池的刚性需求是存在的，目前我国的汽车保有量已经超过了一亿辆，预计到“十二五”末期，这个数字将突破 1.5 亿辆，保有量的提升对于更换蓄电池的需求拉动作用非常巨大。

（二）电动自行车和摩托车的发展前景广阔

由于电动自行车具有舒适、便宜等优点，在国内近些年进入了快速发展的阶段，年均产量增速维持在两位数，也成为国内金属铅终端消费增长最快的领域。2010 年我国电动自行车的产量超过 2800 万辆，同比增速为 26%。目前我国的电动自行车保有量已经突破 1.4 亿辆，但人均拥有量还不是很高，发展潜力还很大。与汽车相似，电动自行车对于更换铅酸蓄电池的刚性需求较大，而且更换的频率要更高。

我国在 1993 年以 335 万辆的产量超过日本成为全球最大的摩托车生产国，此后摩托车步入快速发展阶段，产量由 2001 年的 995 万辆增长至 2010 年的 2751 万辆，年平均增速为 11%。截至 2011 年我国摩托车的保有量突破 1.2 亿辆。摩托车行业的发展对于铅的贡献也是不可小觑的一股力量。

（三）铅酸蓄电池的出口保持稳定

根据 2008 年的统计数据，中国约有 17% 的蓄电池用于出口，出口主要集中于欧美、印度和巴西等国家和地区，2007 年我国取消了蓄电池的出口退税导致出口量出现了一定的下降，但是随着全球经济的回暖，出口仍有望保持在稳定回升的水平。另外，我国蓄电池的产量占据全球的一半份额，欧美等国的汽车和电动车对于蓄电池的更换需求也是维持我国铅酸蓄电池出口的主要动力。

（四）铅酸蓄电池总量的提升对于铅价形成正面影响

除了汽车、电动车和摩托车、出口的需求之外，我国移动技术的发展对于通信行业的铅酸蓄电池需求也有望维持平稳较快的发展势头，但通信行业对于蓄电池的需求量较小，对铅的消费拉动作用并不明显。

总的来看，我国铅酸蓄电池的发展前景依然值得肯定，其在铅的一次消费占比中还有进一步的提升空间，对于铅的需求总量仍有望维持较快的增长。来自国家统计局的数据显示，2012 年 1 ~ 4 月我国铅酸蓄电池累积产量为 5150. 8 万千伏安时，同比增长 15%；预计 2012 年产量有望达到 1. 5 亿万千伏安时。以每万千伏安时铅酸蓄电池铅消耗量约 34 万吨计算，拉动 2012 年铅消费量将超过 400 万吨，与 2011 年中国的铅消费总量相当。由此可见，蓄电池行业的发展对于铅的消费是决定性的，决定着铅价的强弱走势。

八、铅的生产成本对价格有怎样的影响?

成本是企业在生产、营销以及管理中产生的各种费用，是企业定价过程中必须考虑的一个因素。虽然消费商愿意支付的价格与生产企业的成本无关，但生产企业的成本会影响到企业生产什么产品，以及以多大的开工率生产多少产品的决策。不同于铜这样价格与生产成本偏离很多的品种，铅的生产成本一直以来被认为是铅价格的“底价”，这是因为当价格下跌至跌破生产成本时，冶炼企业的利润下降或亏损，惜售情绪增加。

（一）铅的成本构成

要分析铅的生产成本对价格的影响，首先需要了解铅生产的成本构成。以产业链的核心——精炼铅生产为代表，表 3 - 2 为铅冶炼、电解成本计算表（以铅精矿 13500 元/吨计算）。

表 3-2　　精炼铅成本构成

铅原矿冶炼成粗铅成本	氧气底吹炼铅	价格	吨粗铅消耗	吨粗铅消耗成本（元/吨）
	铅精矿（国内）	13500 元/吨		13500
	工业氧气	1 元/立方米	330 立方米	330
	工业用电	0.75 元/度	210 千瓦时	157.5
	焦炭	2000 元/吨	0.19 吨	380
	水	6.5 元/立方米	8.5 立方米	55.25
	原煤	750 元/吨	0.38 吨	285
	人员成本			50
	折旧费用			10
	总计			14767.75
粗铅电解成精炼铅	电解铅	价格	吨电解铅消耗	吨电解铅消耗成本（元/吨）
	粗铅	14767.75 元/吨		14767.75
	电解槽用电	0.75 元/度	120 千瓦时	90
	其他辅料			50
	设备折旧			70
	人员成本			50
	总计			15027.75
财务成本				700
总成本				15727.75

从表 3-2 可以看出，在未包括税费、冶炼企业利润及环保成本的情况下，电解铅净成本在 15700 元/吨以上。人力成本和财务成本使得铅冶炼总成本不断增加。在人力成本方面，技术岗位和工作环境恶劣的岗位招工难，人力成本增加，尤其是小企业中人力成本的上涨直接增加铅冶炼成本，使其面临较大的经营压力。而对于大型企业来说，由于采用以量定薪，人力成本上涨对企业的正常生产经营的影响相对小。对于一些资金优势不足的企业，比如民营企业来说，电解铅的生产成本增加主要就体现在财务费用上。对于自有资金不够充裕的企业来说，每吨铅的财务费用在 500～600 元，额外增

加的成本是企业经营的一个不小的负担。

（二）成本对铅价具有一定的支撑作用

在了解了铅价的成本构成之后，我们更想了解成本对铅价的影响作用。正常来说，当精炼铅的消费价格低于企业的生产成本时（一般以含税价为准），企业将面临亏损。这就意味着生产得越多，亏损的幅度就越大，迫于亏损的压力冶炼厂会采取降低开工率或者部分停产以缓解市场上铅的供应压力，这对稳定铅价有着重要的意义。但是，这并不意味着一旦铅价低于生产成本，冶炼企业就立马考虑减产或停产，因为停产之后企业仍将面临电力、厂房维护以及人工成本等一系列的支出，这仍需要资金的流动来运转。因此，停产往往是迫不得已的选择，只有在充分考虑到停产有助于减少企业更进一步的损失的时候，企业才会选择停产的方式，这时价格因素才会反映到供需层面的改变上。

虽然成本对价格的支撑作用不是绝对的，比如铅价在成本之上时，就不存在支撑一说，但是成本在铅价之下的确会产生作用，毕竟长时间的亏损也是企业所难以容忍的。而且亏损的幅度越大，时间越久，这种支撑的作用就越发强烈。

（三）副产品的收入减缓成本的支撑

由于铅精矿的冶炼中往往伴随着少量的副产品，比如黄金和白银这样的贵金属（主要以银为主）。副产品的价值提升可以抵消掉冶炼厂的部分亏损，以进口铅精矿为主，我国从美国进口的铅精矿每吨银含量在450克左右，而从秘鲁等国的进口铅精矿普遍在2000克以上。如果银价走高，即便生产成本高于现货铅价，冶炼企业也还是有利可图的。

归结来看，在铅价低于生产成本时，成本的支撑作用是存在的，但是作用的大小要视企业的亏损情况以及副产品的收入等来衡量。而在铅价大幅高于生产成本之时，由于产量的供给增加，铅价最终会出现回落，这个道理比较容易理解，在此就不再赘述。

九、投资需求对铅价的影响

在有色金属里面，铜的金属属性具有相对的代表性，除了其矿产资源的相对稀缺性以外，铜还具备良好的保值增值、抵押融资等金融性质。铅在金融属性方面要比铜差，但是作为工业品它被赋予一定的价值，也具备金融属性的特性；随着铅产业链的完善以及贸易活动的活跃，铅的金融属性也得到强化。如今在 LME 的全球各地仓库存放着大量的铅，这些铅或被拿来做抵押融资，或被用来进行基金的资产配置，或被用来进行铅行业的保值和套利等等，这些金融工具的运用让铅的投资需求变得越来越广泛。关于投资需求对铅价的影响，主要有以下几点：

（一）投资需求影响了铅真实的供需结构

自金融危机以来，全球处于一种宽松的政策环境之中，商品在资产配置中的比例逐步扩大，包括原油、铜以及农产品等大宗商品的需求都出现了爆发式的上涨，铅也逐步受到了越来越多人的关注。除了消费的拉动以外，投资基金对铅的投资需求也出现了明显的增长。在分析供应基本面时，投资需求大部分被结转为库存（许多是以隐形库存的形式存在），并没有被真实用于铅的终端行业，这容易产生供需层面的分析差异，从而改变了铅价的真实运行情况。特别是随着标准化仓单的运作，铅也被大量运用于融资以及银行抵押，杠杆操作也加剧了铅的供需结构的变化。

（二）投资需求加剧铅价的波动

大量投资者的参与让铅价的波动趋于频繁，特别是那些资金规模庞大的机构投资者由于持仓量较大，足以形成对铅价的影响。目前 LME 的铅库存大部分被国外的一些投行或者机构所持有，由于羊群效应的存在，他们的大量买入持仓或者抛售对于短期的铅价走势会起到重要的指导作用，这加剧了铅价的波动效应。

（三）投资需求并不改变基本面的决定作用

投资需求的增加，加大了金融属性在铅价中所占据的权重，从而使得铅价在某一些阶段或者短期内的变动脱离了基本面的表现，但是从长期来看，金融属性的提升并没有改变供需层面对价格的决定作用。首先，投资需求也是依赖对铅的基本面分析，这个本质并没有改变；其次，金融属性的提升只是通过改变货币的供应量对铅价形成影响，并不对铅的真实供应和需求产生直接影响。

十、汇率波动如何影响铅价？

汇率和铅价的变动关系，我们着重从计价单位、国际贸易以及资金变化等方面作出解释。

（一）计价单位

国际上铅主要采用美元来计价，我国的铅主要是以人民币计价，人民币兑美元的汇率波动会引起铅价在两个市场的不同表现。2005 年人民币汇改以来，人民币兑美元总体上呈现出一种升值的态势，在不考虑其他因素的影响下，人民币计价的铅变得值钱，由于套利行为的存在从而对两个市场的铅价产生影响，最终的结果可能是以美元计价的铅出现升值，或者是以人民币计价的铅出现贬值。

（二）国际贸易

我国是精炼铅和铅酸蓄电池的生产大国，有一部分的蓄电池用于出口，其中近几年铅酸蓄电池的出口占比在 15% 以上。人民币贬值将有助于铅的相关产品出口，增加企业的收益，对于国内精炼铅的消费拉动会产生提振作用，有助于改善“沪伦铅”的比值。我国也是铅精矿和精炼铅的净进口国，特别是铅精矿的进口比例较大。而对于以美元计价的铅精矿和精炼铅，人民币的升值将会减少贸易企业的进口成本，有助于改善国内的原料供应压力。总的来看，汇率波动将会在一定程度上影响供应和需求的变化，从而对铅价产生间接的影响。

（三）资金变化

短期来看，汇率的波动有可能加剧热钱的流动速度。我国汇率改革以来，外资的进入规模和速度都有明显改善，其中一部分资金进入股市和期货市场从而直接对铅价形成推动；另外热钱的持续性流入造成我国的输入性通胀，人民币对于商品本身存在贬值预期，从而在一定程度上推动铅价的走高。

目前我国的人民币还无法像美元以及英镑那样进行自由交易，汇率的波动对铅价的影响存在一定的滞后性，未来随着人民币自由化以及在国际上的影响力日益增强，其对铅价的间接影响将更具有连续性。

十一、可能影响铅价的因素还有哪些？

在前面几个章节，我们重点分析了铅价的一些重要影响因素，包括供需、宏观环境以及产业政策等等。除此之外，一些其他的因素比如铅矿的罢工、主要产铅国家的地缘政治危机以及自然灾害等外在因素都有可能对铅的供应端产生影响，从而对铅价形成直接的影响；另外与原油等大宗商品的一些关联影响等，作为商品市场影响最大的原油价格的波动可能会对铅价的走势形成一定的影响，原油价格的走高对于汽车消费也会产生间接影响，从而对铅的消费产生影响；再如一些黑天鹅事件和一些小概率事件的发生可能对全球金融市场造成危机，像美国发生的历次经济危机和金融危机等，整个金融市场的动荡会让铅价遭受重创。

自 测 题

一、单选题

1. 历史上铅价最高冲击到(　　)美元/吨。

A. 2850　　B. 3500

C. 3895　　D. 4200

2. 上海期货交易所的铅合约于(　　)年上市。

A. 2009　　B. 2010

C. 2011　　D. 2012

3. 影响铅价波动的最主要因素是(　　)。

A. 供需结构　　B. 汇率波动

C. 环保政策　　D. 投资需求

4. 2012 年原生铅的冶炼成本大概为(　　)元/吨。

A. 15000　　B. 16000

C. 17000　　D. 18000

5. 2011 年我国再生铅的产量约占铅产量的(　　)。

A. 50%　　B. 30%

C. 40%　　D. 60%

6. 影响铅价的变动因素不包括以下哪个？(　　)

A. 宏观环境　　B. 产业政策

C. 进出口贸易　　D. 大豆价格的波动

7. 一般来说，美元的贬值会影响铅价的(　　)。

A. 走强　　B. 走弱

C. 不变　　D. 上下震荡

8. 汇率波动对铅价的影响因素不包括(　　)。

A. 计价单位　　B. 国际贸易

C. 资金流动　　D. 产业政策

9. 到 2015 年，前十家铅冶炼企业产量占全国的比例将达到(　　)。

A. 50%　　B. 60%

C. 70%　　D. 80%

10. 2011 年，铅酸蓄电池的耗铅量大概在(　　)万吨。

A. 100　　B. 200

C. 300　　D. 400

二、判断题

1. 正常来说，美元与铅价成正比例关系。(　　)

2. 当铅价低于生产成本时，由于铅精矿的冶炼中往往伴随着少量的副产品，副产品（银河金等）的收入可以缓解冶炼企业的部分亏损幅度。(　　)

3. 从 2007 年至 2011 年铅的供应处于过剩状况。(　　)

4. 科技发展对于铅行业不产生影响。(　　)

5. 欧债危机对于铅价是一个利空。(　　)

三、填空题

1. 铅行业的环保政策涉及________和再生铅行业。

2. 2011 年用粗铅进行铅冶炼的成本大概在________元/吨。

3. 根据 2008 年的统计数据显示，中国约有________的蓄电池用于出口，出口主要集中于欧美、印度和巴西等国家和地区。

4. 目前握有再生铅资质的企业少之又少，尤其在2011年环保风暴后全国仅存________家。

5. “十二五”规划中提出在2011～2015年这五年中铅产量增长总量达________万吨，产业布局及组织结构将得到优化，产品品种和质量基本满足战略性新兴产业需求。

参考答案

一、单选题

1. C	2. C	3. A	4. A	5. B
6. D	7. A	8. D	9. B	10. C

二、判断题

1. ×	2. √	3. √	4. ×	5. √

三、填空题

1. 铅酸蓄电池	2. 15700	3. 17%
4. 23	5. 550	

第四章
铅期货交易

【本章要点】

本章重点阐述铅的期货交易，包括铅期货交易的类型、铅期货交易的特点、如何进行铅期货交易，并分析铅期货价格分析方法的要点、影响铅价异常波动的题材因素等，最后讲述了在铅的交易中所涉及的趋势交易、交易理念、资金管理、风险控制等实际操作问题，力求使投资者在消化理论知识的同时能形成适合自己的一套交易系统。

一、什么是期货交易？

期货，一般是期货合约的简称，期货交易就是指由期货交易所统一制定的、规定在将来某一特定的时间和地点交割一定数量标的物的标准化合约。从期货交易的概念上看，期货交易的场所是专门的期货交易所。而期货交易的对象也并不是商品（标的物）的实体，而是商品（标的物）的标准化合约，随着期货市场的发展，期货交易的对象还包括了在交易所交易的期权合约，事实上国际上一些著名的期货交易所同时上市期货与期权品种。

期货交易是一种特殊的交易方式，期货交易的形成经历了从现货交易到远期交易，最后到期货交易的复杂的演变过程。它是人们在贸易过程中不断追求交易效率、降低交易成本与风险的结果。期货交易从现货交易和远期交易发展而来，具有现货交易和远期交易的一些基本特点，但同时又有自身显著的特征，主要体现在以下方面：

（一）期货合约的标准化

期货交易通过买卖期货合约进行，而期货合约是标准化的，期货合约中的各项条款，如商品数量、商品质量、保证金比例、交割地点、交割方式以及交易方式等都是标准化的，合约中只有价格一项是通过市场竞价交易形成的自由价格。

（二）期货交易实行保证金制度

期货交易者一般采用5%～15%的保证金进行交易，也就是说期货交易者可以用少量资金就可以进行较大价值的投资，这种资金的“杠杆效应”使得期货交易具有高收益和高风险的特点。

（三）每日无负债结算制度

在每个交易日结束后，期货公司根据交易所的结算结果对客户进行结算，并将结算结果按照与客户约定的方式及时通知客户。如果客户亏损严重，保证金账户资金不足时，期货公司则要求客户必须在下一日开市前追加保证金，以做到每日无负债。

（四）实物交割率低

期货合约的了结并不一定是必须履行实际交收的义务，买卖期货合约者可以在规定的最后交易日前将手中持有的期货合约平仓了结，无需履行实际交收的义务。在期货交易中实物交割占交易量的比重很小，一般在5%左右。

期货交易的目的是为了转移价格波动的风险或获取价格变化的风险利润。因此，铅的现货企业可以在上海期货交易所利用铅期货市场来套期保值，降低企业运营风险。而期货交易者也可以通过期货经纪公司代理进行铅期货合约的买卖，一般的投资者可以通过铅期货市场低买高卖或高卖低买的方式获取价差收益。虽然期货的T+0交易相对于股票的T+1交易来说，日内交易的风险容易控制，但当天交易次数不限制也增大了投资风险。

【延伸阅读　现代意义上期货交易的历史演化】

从历史进程来看，期货交易是由现货交易发展而来的，早在古希腊和古罗马时期，就出现过中央交易场所、大宗易货交易以及带有期货性质的交易活动。在13世纪比利时的安特卫普、16世纪英国的伦敦、17世纪荷兰的阿姆斯特丹等地，就已经出现了期货交易的雏形。其间具有重大影响力的事件是，1571年，英国创建了世界上第一家集中的商品市场——伦敦皇家交易所（伦敦国际金融期货期权交易所建于其原址）。

现代意义上的期货交易产生于19世纪中期的美国芝加哥，1848年，芝加哥的82位商人发起组建了芝加哥期货交易所（Chicago Board Of Trade，CBOT），开始从事农产品的远期专卖。为了避免农产品价格剧烈波动的风险，农场主和农产品贸易商、加工商一开始就采用了现货远期合约的方式进行商品交换，以确保货源稳定和销售，减少价格波动的风险。随着交易规模的扩大，现货远期合约的交易逐渐暴露出一些问题，具体体现在以下方面：

（1）现货远期合约没有统一规定内容。合约没有规范化，这使得每次交易都需要双方重新签订合约，极大地降低了交易效率。

（2）远期合约的内容条款各式各样，而某一具体的合约又不能被广泛认可，使合约难以顺利转让，降低了合约的流动性。

（3）远期合约的履行以交易双方的信用为基础，容易发生违约行为。

（4）远期合约的价格不具有广泛的代表性，难以形成市场认可的、比较合理的预期价格。

由于上述问题的存在，早期的芝加哥期货交易所经常发生交易纠纷和交易违约，使得正常的商品交易受到一定程度的制约，市场发展也受到一定的限制。为了减少交易纠纷，简化交易手续，增强合约流动性，提高市场效率，1865年芝加哥期货交易所推出标准化的期货合约交易，取代了原有的现货远期合约交易，同时实行了保证金交易制度。这是具有历史意义的制度创新，促成了真正意义上的期货交易的诞生。在1882年，芝加哥期货交易所允许以对冲方式免除履约责任，这更加促进了投机者的加入，使期货市场流动性加大。1883年，结算协会成立，并向芝加哥期货交易所会员提供对冲工具。但结算协会在当时还算不上规范严密的组织，直到1925年芝加哥期货交易所结算公司（BOTTCC）成立以后，芝加哥期货交易所的所有交易都要进入结算公司结算，从此，现货意义上的结算机构出现了。

二、期货交易的类型有哪些?

期货交易者是实际从事期货交易的企业或个人，是期货市场的主体。期货交易者按其交易目的，可以将期货交易行为分为三类：套期保值、投机和套利。下面分别介绍这三种期货交易方式。

（一）套期保值

套期保值就是买入（卖出）与现货市场数量相当，但交易方向相反的期货合约，以期在未来某一时间通过卖出（买入）期货合约来补偿现货市场价格变动所带来的实际价格风险。期货市场和现货市场是两个相互独立又紧密联系的市场，虽然它们会受到相同影响因素影响，但其价格波动并不完全一致，但一般情况下两个市场的价格趋势是相同的。套期保值就是利用这两个市场的价格关系，分别在两个市场做交易方向相反的交易，以一个市场的盈利来弥补另一个市场的亏损，从而达到保值的目的，套期保值是一种以规避现货价格风险为目的的期货交易行为。

套期保值之所以能够规避价格波动的风险，达到保值的目的，是因为期货市场上存在以下基本经济原理：

1. 趋同性。即期货市场和现货市场价格的变动趋势基本一致。在同一时期内，受相同的宏观经济形势影响，而影响商品价格的供求因素也是基本相同的，现货价格和期货价格将会出现同涨同跌的现象，尽管价格变动幅度可能会不一致，但变动方向是一致的。

2. 价格回归性。现货市场价格与期货市场价格随着期货合约到期日的临近而趋向一致。

3. 期货的交割制度也保证了两者随着期货合约到期日的临近而趋于一致。

随着铅期货的推出，铅的现货企业可以利用铅期货来进行套期保值操作以规避价格波动的风险，从而能够集中精力致力于本企业的生产经营活动，并以此取得正常的生产经营利润。铅企业参与期货市场套期保值的目的就是规避价格波动的风险，控制成本，锁定利润。

铅市场的价格风险无处不在，无论价格向哪个方向变动，都会给一部分企业造成损失。需要销售铅锭的企业担心价格下跌的风险，这些企业持有大量铅锭，一旦铅价大幅下跌，其售价可能远低于预期售价，甚至低于生产成本出现严重亏损。同样，需要采购铅的企业可能因价格大幅上升而增加成本，严重影响企业的稳定经营。因此，铅企业通过套期保值，可以利用两个市场的对冲锁定利润，确定企业稳定经营，良性发展。

需要注意的是，价格波动的风险是不可能消失的，企业通过套期保值也只是把风险转移而已，最终总会有风险承担者——投机者。期货市场除了有大量的套期保值者，还有更多的投机者。正是因为这些投机者愿意承受高风险以博取不确定的高收益，才使得这个市场的套期保值者有了对手盘，极大提高了市场的流动性，从而保证市场的正常运转。

(二) 投机

期货投机是指在期货市场上以获取价差收益为目的的期货交易行为，投机者主要通过价格的低买高卖或价格的高卖低买来获取利润。期货市场的杠杆机制使得交易者可以用少量资金做数倍甚至是十几倍于其资金的交易，以此寻找获取高额利润的机会。投机者在期货交易中发挥至关重要的作用，不仅提高市场流动性，而且重要的是，投机者能吸收套期保值者厌恶的风险，成为价格风险承担者。

成功的铅期货交易包括三个要素：价格预测、市场时机和资金管理。每个期货交易者对价格预测的使用方法不尽相同，有些交易者主要依赖于基本面分析，有些交易者主要依赖于技术分析，当然很多投资者将两个分析方法都看重。关于基本分析和技术孰优孰劣，投资界对此也一直争论不休。普遍的观点是，二者各有优劣，基本面分析对判断市场趋势通常较为有效，而技术分析可以帮助投资者寻找合适的买卖点，特别是对于日内短线交易者而言，技术指标通过是很好的参考。而最重要的是，投资者应该找到适合自己的行情判断方法。

市场时机主要是用技术分析来把握，假如交易者的预测方向是正确的，但进场时机没有选择好，也会相当被动，这时价格走势会挑战交易者的心态，同样也会检验交易者对行情判断是否准确。

在期货市场上交易，做好风险管理相当重要，因为期货市场是用保证金进行交易，如果持仓比例过大，期货价格并不大的波动就可能导致被强行平仓。

期货交易者想要在铅期货市场上盈利，必须要做好功课，尽量能够比较细致地分析基本面和技术面的资料，对每次交易都要制定具体的交易策略。如果行情与自己的预期相反，期货投机交易者如何处理，也应有合理的预案措施。

投机能提高市场的流动性，活跃市场氛围，但并不是投机越多越好。当投机问题超过了保证期货市场所需足够的流动性以及市场容量的承受力时，将使得商品价格产生不合理的波动或不正常的变化，这种情况可以界定为过度投机。过度投机往往会使期货市场逐渐失去保值基础，而且还会导致不合理期货价格的产生，反过来影响现货市场的供求，从而对现货价格的变动产生短期的误导作用。所以，期货监管机构需要对期货市场的投机行为进行引导，使投机交易在规范中发展。

（三）套利

期货套利是指利用相关市场或相关合约之间的价差变化，在相关市场或相关合约上进行交易相反的交易，以期价差发生有利变化而获利的交易行为。对于风险承受能力较小的投资者，套利是一种较理想的投资工具。套利者主要是通过研究两个或者多个合约之间的价差变化，对于单一期货合约绝对价格并不太关注，套利交易赚取的是价差变动的收益。

套利交易目前已经成为国际金融市场中的一种主要交易手段，由于其收益稳定，风险相对较小，国际上绝大多数大型基金均主要采用套利或部分套利的方式参与期货或期权市场的交易。随着我国期货市场的日益规范发展以及上市品种的逐渐丰富，市场蕴涵着大量的套利机会，套利交易已经成为一些机构参与期货市场交易的有效手段。

套利交易本质上是一种投机交易，但与一般单方面的投机交易相比，套利交易风险较低。因为套利正是利用期货市场中有关价格不正常的机会，并预测这种价格不正常会最终消失，从中获取套利利润。套利行为的存在对期货市场的正常运行起到了非常重要的作用，它有助于使扭曲的期货市场价格重新恢复到正常水平。套利行为的存在增大了期货市场的交易量，承担了价格变动的风险，提高了期货交易的活跃程度，促进交易的正常进行和价格变化的合理化。

国内铅期货的成功上市和正常运行以及铅现货市场的规范发展为铅套利交易创造了条件，也方便了铅套利操作。铅期货的套利交易包括期现套利、跨期套利、跨市套利和跨品种套利四种形式。

1. 期现套利。铅期现套利可分为正向套利和反向套利两种，正向套利即买现货抛期货，这也是期货套利通常的做法。当铅期货价格高于现货价格时，就产生了正价差或期货升水，当升水超过套利成本时，套利者就可以买入现货铅，在上海期货交易所卖出铅期货合约，从中获得无风险收益。如果期货价格低于现货价格，就产生了逆价差或期货贴水，当逆价差达到一定程度就存在反向套利机会，那么套利交易者就可以通过买入期货合约卖出现货的方法，获得相应的套利收益。

2. 跨期套利。跨期套利可分为牛市套利和熊市套利，在进行铅期货牛市套利时，买入近月交割的合约，同时卖出远月交割的合约，希望近月合约价格上涨幅度大于远月合约价格的上涨幅度；而熊市套利则相反。

3. 跨市套利。如伦敦金属交易所（LME）和上海期货交易所（SHFE）都有铅期货交易，当两个市场价差或比价关系超出正常范围时，则为交易者提供了跨市套利机会。

4. 跨品种套利。跨品种套利是利用两种不同的，但相关联的期货品种之间的价差或比值进行交易。这两种期货品种受同一供求因素制约，具有高度的相关性。如铅和锌的相关性较高，价格走势比较接近，当某一时期，铅期货价格与锌期货价格价差超出正常值范围，此时跨品种套利者可以在卖出某一交割月份铅期货合约的同时，买入同一交割月份锌期货品种合约，待两者不合理价差消失时平仓获利。

套利交易一定会盈利吗？

套利交易是一种稳健的交易方式，套利可以为避免价格剧烈波动而引起的损失提供某种保护，其承担的风险较单方向的普通投机交易小。但套利交易不等于一定盈利，主要原因在于：

（1）价差变动有一定的时间需求，因此套利者必须要有一定的风险承受能力，避免因资金链断裂而无法追加保证金的情况发生。

（2）一旦市场出现单边逼仓行情，可能一直持续到合约交割，价格偏差都没有纠正。

三、铅期货交易的特点有哪些？

铅期货交易目前主要在伦敦金属交易所和上海期货交易所进行。伦敦交易所自身的铅合约于 2010 年 2 月 1 日上市，主要以美元计价，伦敦金属交易所与美国、国内期货市场交易的标准化期货交易合约不同的是，伦敦金属交易所所交易的合约更像是一个远期合约。由于采用的是做市商制度，故其报盘方法也采用和外汇相同的买卖价格方法，而非国内人士常用的电子撮合方法，各经纪公司对客户的报价也不一定与显示的价格全体相同，具体取决于交易量的规模，市场状况等因素。其合约也是依照 3 个月期、15 个月期、27 个月期、63 个月期方法持续滚动交易的，与国内依照月份时间次序依次推出后续合约的方法不同。由于伦铅的交易面向全球市场，伦铅的成交量相对比较活跃，期货价格的波动较为充分地反映了铅市场的相对价值。

国内铅期货于 2011 年 3 月 24 日在上海期货交易所挂牌上市，以人民币为计价单位。目前我国期货市场总体上还是以中小型的投机者为主，大型的机构投资者和套保套利的投资者占比相对较少。为了跟外盘接轨，国内铅期货采用 25 吨/手的最小交易单位。

上海期货交易所将铅的最小交割单位也设置在 25 吨/手，方便了铅企业的交割，显示出大合约对于铅企业的套期保值用户有着较好的作用，大合约在遏制市场投机交易的炒作方面发挥着重要作用。但同时也要看到，25

吨/手的设置标准，使得沪铅交易者的资金门槛大幅度提高，对铅期货的市场流动性也造成一定的影响。

【延伸阅读 LME 的结算和风险控制】

LME 市场每日交易的焦点集中在早上第二节交易结束时，此时"LME 官方结算价格"将被确定。LME 官方结算价格是在公开透明的方式下进行的，这时保持市场的公正性非常重要。通常，LME 官方结算价格被作为场外金属现货合同的价格基础。因此，客户经常要求套保指令在此节的最后交易时间内执行，以使套保价格尽可能和官方的价格一致。当第二节 Ring（圈内交易）交易结束钟声响起时，LME 市场人员会记录最后时间段内的交易情况，并在每节交易结束后用绿色字体显示在电子板上。如果 10 分钟内无人对此交易结果表示异议，价格将被确定并显示为红色。如果某经纪商认为价格有误，他有权表示异议，他的看法会在 13:10 早上 Ring（圈内交易）交易结束后，13:15 Kerb（综合交易）交易开始前被传达。

LME 所有的清算均通过伦敦清算公司（LCH）来完成，每一笔交易都以伦敦清算公司作为对手。例如甲卖出了 20 手铅合约给乙（合约经过了配对），各单笔交易分别通过甲卖出了 20 手铅合约给伦敦清算公司，以及伦敦清算公司卖出 20 手铅合约给乙来进行替换。伦敦清算公司没有净持仓，但是甲不必担心乙的信用风险，乙也不用担心甲的信用风险了。甲乙双方均要在伦敦清算公司存入能够大致地代表能够合理预期的合约金额的每日最大变化值的保证金。每天合约根据市场价格变动，即合约价值根据每天 17:00 LME 的收市价格重新计算。如果保证金低于合约价值，保证金必须补足到能够再次令清算公司认为满意的安全保证数额为止。LME 合约和国内标准化期货合约最主要的区别是 LME 合约直到到期日才结算，"逐日盯市"制度将会影响保证金的数量，但并不改变最终结算时的结算价，在到期日之前产生的盈利不能取走。换言之，LME 保证金追加只是提供浮亏的准备金，而国内则把它当成已经实现了的亏损来对待。

四、进行期货交易的流程有哪些?

一个完整的期货交易流程应包括：开户与下单、竞价、结算和交割四个环节，而最为重要的是开户和下单。由于在期货交易的实际操作中，绝大多数期货交易都是通过对冲平仓的方式了结履约责任，实际进入交割环节的非常少，所以交割环节并不是交易流程的必经环节。本书在第七章中单独介绍期货交割。

（一）开户

由于能够直接进入期货交易所进行交易的只能是期货交易所的会员，包括期货公司会员和非期货公司会员。所以普通投资者进入期货交易之前，应首先选择一个具备合法代理资格、信誉好、资金安全、动作规范和收费比较合理等条件的期货公司会员。

一旦你选定了某一个合适的期货经纪公司，下一步就是开一个期货交易账户。所谓期货交易账户是指期货交易者开设的、用于交易履约保证的一个资金信用账户。开户工作很简单，而且经纪公司将会非常热心地提供有关帮助。

一般来说，各期货公司会员为客户开设账户的程序及所需的文件虽然不尽相同，但其基本程序是相同的（见图 4 – 1）。

1. 风险揭示。期货经纪公司在接受客户开户申请之前，需向客户提供“期货交易风险揭示书”。个人客户应在仔细阅读并理解后，在该“期货交易风险说明书”上签字；法人客户应在仔细阅读并理解之后，由单位法定代表人在该“期货交易风险说明书”上签字并加盖单位公章。

2. 签署合同。个人客户应在该合同上签字，法人客户应由法定代表人在该合同上签字并加盖公章。个人开户应提供本人身份证，留存印鉴或签名样卡。法人开户应提供“企业法人营业执照”影印件，并提供法定代表人及本单位期货交易业务执行人的姓名、联系电话、单位及其法定代表人或单位负责人印鉴等内容的书面材料及法定代表人授权期货交易业务执行人的书面授权书。

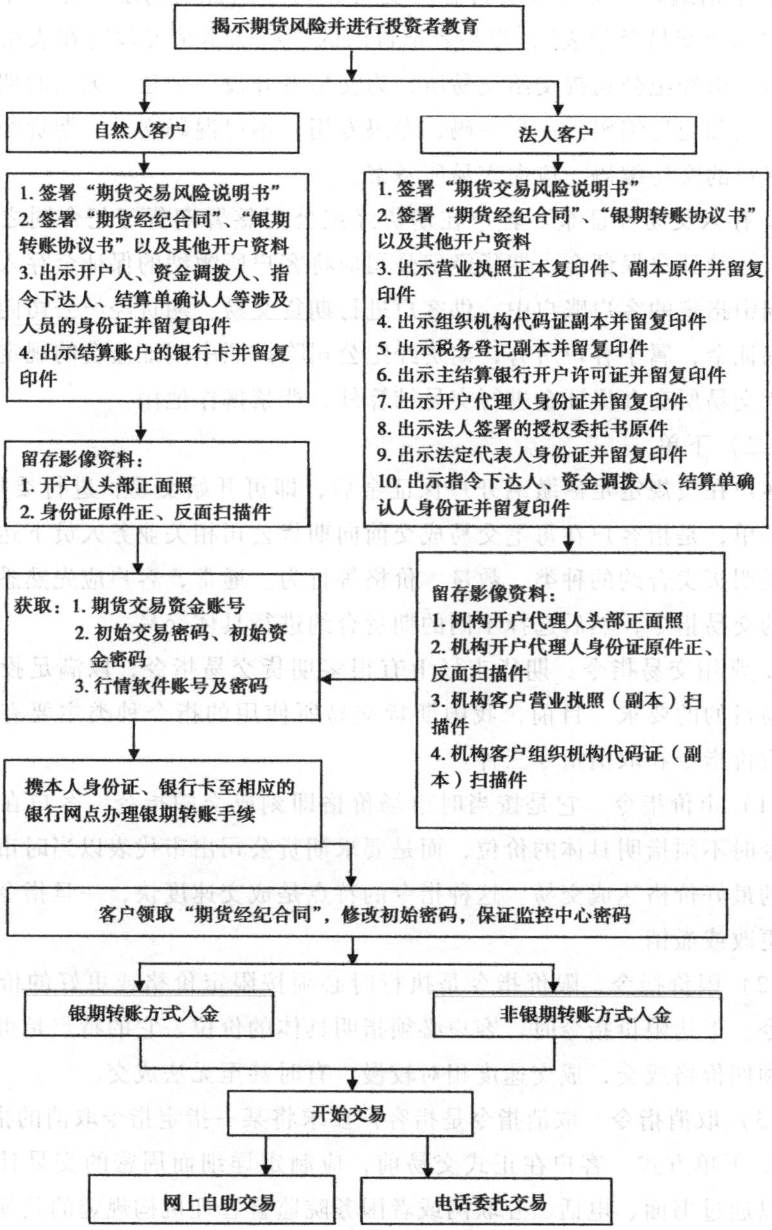
揭示期货风险并进行投资者教育
自然人客户
法人客户
1. 签署“期货交易风险说明书”
2. 签署“期货经纪合同”、“银期转账协议书”以及其他开户资料
3. 出示开户人、资金调拨人、指令下达人、结算单确认人等涉及人员的身份证并留复印件
4. 出示结算账户的银行卡并留复印件
1. 签署“期货交易风险说明书”
2. 签署“期货经纪合同”、“银期转账协议书”以及其他开户资料
3. 出示营业执照正本复印件、副本原件并留复印件
4. 出示组织机构代码证副本并留复印件
5. 出示税务登记副本并留复印件
6. 出示主结算银行开户许可证并留复印件
7. 出示开户代理人身份证并留复印件
8. 出示法人签署的授权委托书原件
9. 出示法定代表人身份证并留复印件
10. 出示指令下达人、资金调拨人、结算单确认人身份证并留复印件
留存影像资料：
1. 开户人头部正面照
2. 身份证原件正、反面扫描件
留存影像资料：
1. 机构开户代理人头部正面照
2. 机构开户代理人身份证原件正、反面扫描件
3. 机构客户营业执照（副本）扫描件
4. 机构客户组织机构代码证（副本）扫描件
获取：1. 期货交易资金账号
2. 初始交易密码、初始资金密码
3. 行情软件账号及密码
携本人身份证、银行卡至相应的银行网点办理银期转账手续
客户领取“期货经纪合同”，修改初始密码，保证监控中心密码
银期转账方式入金
非银期转账方式入金
开始交易
网上自助交易
电话委托交易

图 4－1 期货开户流程图

3. 申请编码。交易所实行客户交易编码登记备案制度，客户开户时应填写“期货交易登记表”，交易者把自己的一些基本情况填写在表格上。这张表格将由经纪公司提交给交易所，为交易者开设一个独一无二的期货交易代码，也称交易编码。一户一码，专码专用，不得混码交易。期货经纪公司注销客户的交易编码，应向交易所备案。

4. 存入交易保证金。客户在期货经纪公司签署期货经纪合同之后，应按规定缴纳开户保证金。期货经纪公司应将客户所缴纳的保证金存入期货经纪合同中指定的客户账户中，供客户进行期货交易。期货经纪公司向客户收取的保证金，属于客户所有；期货经纪公司除按照中国证监会的规定为客户向期货交易所交存保证金进行交易结算外，严禁挪作他用。

（二）下单

客户在按规定足额缴纳开户保证金后，即可开始交易，进行委托下单。所谓下单，是指客户在每笔交易成交前向期货公司相关业务人员下达交易指令，说明买卖合约的种类、数量、价格等行为。通常，客户应先熟悉和掌握有关的交易指令，然后选择不同的期货合约进行具体交易。

1. 常用交易指令。期货市场上有很多期货交易指令，以满足投资者多种交易目的的要求。目前，我国期货交易所使用的指令种类主要有限价指令、市价指令和取消指令三种。

（1）市价指令。它是按当时市场价格即刻成交的指令。客户在下达这种指令时不须指明具体的价位，而是要求期货公司出市代表以当时市场上可执行的最好价格达成交易。这种指令的特点是成交速度快，一旦指令下达后不可更改或撤销。

（2）限价指令。限价指令是执行时必须按限定价格或更好的价格成交的指令。下达限价指令时，客户必须指明具体的价位。它的特点是可以按客户的预期价格成交，成交速度相对较慢，有时甚至无法成交。

（3）取消指令。取消指令是指客户要求将某一指定指令取消的指令。

2. 下单方式。客户在正式交易前，应制定详细而周密的交易计划。客户可以通过书面、电话、互联网或者国务院监督管理机构规定的其他方式向期货公司下达交易指令。客户的交易指令应当明确、全面。主要下单方式有以下几种：

（1）书面下单。客户亲自填写交易单，填好后签字交由期货公司交易部，再由期货公司交易部通过电话报单至该期货公司在期货交易所场内的出市代表，由出市代表输入指令进入交易所主机撮合成交。

（2）电话下单。客户通过电话直接将指令下达到期货公司交易部，再由交易部通知出市代表下单。期货公司须将客户的指令予以录音，以备查证。事后，客户应在交易单上补签姓名。

（3）网上下单。客户通过互联网使用期货公司配置的网上下单系统进行网上下单。

（4）自助终端下单。客户通过期货营业部设置的专用委托电脑终端，输入账户交易密码等，自行将委托内容输入电脑交易系统完成交易。

【延伸阅读　期货交易流程——竞价和结算】

竞价和结算是期货交易流程的两个重要环节。期货交易者在开户后，就可以进行下单交易，进入竞价环节。在竞价成功后，有了成交记录就要涉及结算。

1. 竞价。

（1）竞价方式。期货合约价格的形成方式主要有：公开喊价方式和计算机撮合成交两种方式。公开喊价方式又分为：连续竞价制（动盘）和一节一价制（静盘）。

① 连续竞价制：是指在交易所交易池内由交易者面对面地公开喊价，表达各自买进或卖出合约的要求。——在欧美期货市场较为流行。

② 一节一价制：是指把每个交易日分为若干节，每节只有一个价格的制度。——这种叫价方式在日本较为普遍。

计算机撮合成交方式又分为：撮合成交和集合竞价。

① 撮合成交。先将买卖申报单以价格优先、时间优先的原则进行排序。bp（买入价）≥sp（卖出价），撮合成交价取 bp（买入价）、sp（卖出价）、cp（前一成交价）三者中居中一个的价格。

②集合竞价。最大成交量原则，即以此价格成交能够得到最大成交量。

开盘价和收盘价采用集合竞价方式产生。

集合竞价采用最大成交量原则，连续竞价采取价格优先、时间优先的撮合原则。

(2) 成交回报与确认。成交回报记录单应包括如下几个项目：成交价格、成交手数、成交回报时间等。下单是逆向的，成交需要客户确认；没确认也未提出异议，视同确认。若有异议，在下一交易日开市前向期货经纪公司提出书面异议。

2. 结算。

(1) 结算的概念与结算程序。结算是指根据交易结果和交易所有关规定对会员交易保证金、盈亏、手续费、交割货款和其他有关款项进行的计算、划拨。结算包括交易所对会员的结算和期货经纪公司会员对其客户的结算。

(2) 结算公式与应用。当日结算价是指某一期货合约当日成交价格按照成交量的加权平均价。当日无成交价格的，以上一交易日的结算价作为当日结算价。

每个期货合约均以当日结算价作为计算当日盈亏的依据。

①当日结算准备金余额 = 上一交易日结算准备金余额 + 上一交易日交易保证金 − 当日交易保证金 + 当日盈亏 + 入金 − 出金 − 手续费等。

②当日盈亏的分类：

平仓盈亏——对所持有的合约在当日平仓所产生的盈亏

平历史仓盈亏——对以前交易日开仓的合约进行平仓所产生的盈亏

平当日仓盈亏——当天开仓当天平仓所产生的盈亏

持仓盈亏——一直持有合约到当日交易结束所产生的盈亏

历史持仓盈亏——以前交易日开仓的合约一直持有到当天交易结束所产生的盈亏

当日开仓盈亏——当天开仓一直持有到当天交易结束产生的盈亏

③当日交易保证金计算公式：

当日交易保证金 = 当日结算价 × 当日交易结束后的持仓总量 × 交易保证金比例

五、铅期货价格分析方法要点

作为有色金属的一个品种，铅期货的分析方法和其他品种之间有很多相似的地方，但是彼此之间也存在着明显的一些差异。我们可以从这些分析方法的差异中进行一些对比。

（一）金融属性

对于铜、铝、铅、锌、铅等基本金属来说，都被赋予了一定的金融属性。基本金属的金融属性层面主要是指宽松的货币政策有利于激发市场对基本金属的投资需求。自 2008 年金融危机以来，美国、中国等主要经济体纷纷向市场注入大量流动性，2012 年量化宽松措施再度重启的趋势明显，无论是发达经济体还是新兴经济体竞相下调基准利率，竞争性货币贬值对资源类商品形成有利支撑。

2012 年市场对美联储推出第三轮量化宽松政策较为期待，如果预期美国将扩大量化宽松货币政策，美元将会走弱，美元的大幅走弱，将对基本金属形成利好，推动基本金属价格上行，此时基本金属的金融属性将显现。而一旦美联储的第三轮量化宽松货币政策落空，再加上欧洲债务危机的担忧，在市场避险情绪推动下，美元指数上扬，基本金属承压下行，此时基本金属的金融属性也将较为明显。

（二）供需结构

在分析供需基本面上，四个品种上还是存在着较大的差异。供应方面，我国对铜和铝的依赖性较大，绝大部分的原料矿（铜精矿和铝土矿）都需要进口。铅和锌在我国的资源储量较大，但依赖性较大。在废料回收方面，比如废铜和废铝大部分还是依赖进口，已经形成了相对完善的循环利用的渠道。目前铅的废料回收基本上形成了一定的规模，再生铅的回收主要还是来自于国内市场，而锌的回收利用程度相对较低。

需求方面，目前国内铜主要用于电力、家电、汽车以及房地产等行业，其中电力行业占据了近一半的份额，集中度相对较高；铝主要用于建筑、汽车、家电以及食品包装等行业，集中度略差于铜；铅的消费需求集中度最高，80% 以上用于蓄电池，这对于分析铅的消费来说是一个绝对的优势；锌的大半部分用于镀锌板，集中度仅次于铅。

（三）成本支撑

在成本环节上，铜显得最不明显，目前的铜价要远远高于其生产成本，因此成本支撑很少被用于分析铜价上；电解铝是一个耗电大户，电力成本占据了铝生产成本的40%以上，加上铝价的波动基本上是在成本的一定范围内进行，因此成本对于铝价的作用最强；对于铅和锌来说，成本支撑介于铜和铝之间，但是更偏向于铝，铅锌的波动范围并没有远离成本许多。

什么是商品的金融属性？

商品的金融属性体现商品的资产性，是不同商品作为一种资产形式时所具备的共性和差异性特征的具体体现。

（1）所有的商品从更广泛的意义而言都可以看成是一项资产，为持有人提供保值、增值和资金融通等功能。

（2）由于不同商品在稀缺性、流动性和可储存性等方面存在差异，从而导致其作为一项资产形式时的优劣条件存在差异，因而表现为一些商品的金融属性较强，另一些商品的金融属性较弱。

（3）由于宽松性的货币环境是商品金融属性表现最为活跃的时期，引用通货膨胀是一种货币现象这一经典名言，从货币的角度可以把商品的金融属性理解为货币现象在不同商品间的具体体现。

六、影响铅期价异常波动的题材因素有哪些？

在商品期货市场上，有时在宏观经济形势及商品基本面平静的时候，绝大部分商品走势可能不温不火，但是可能存在某个商品价格在短期内波动异常，出现大幅拉升或大幅杀跌的走势。这往往是该商品的一些“题材”因素在兴风作浪，而投机资金正是抓住了这些“题材”因素在大肆炒作，从而吸引市场关注的眼球。从短期来看，市场非正常的炒作因素可能使商品期价偏离其价值，但从长期来看，期价终将向其正常价值回归。而也正是这种短期的炒作因素，可能导致期货交易者损失惨重，如非理性的炒作因素导致期价的非正常波动可能使一些期货交易者亏损甚至出现保证金不足而被强平的风险，非理性的炒作因素可能诱导众多散户追涨杀跌，从而加剧市场的混乱现象，而众多散户也可能在追涨杀跌的过程中亏损累累。

从炒作的题材上来看，由于铅的供需总体平衡，原料储备上并不存在较大的问题，因此供应方面的炒作更多的是一些生产环节方面，主要有以下方面：

（1）铅企业的减产以及新增产能投放等。

（2）再生铅的环保政策方面。我国再生铅在铅产量方面占据30%的份额，因此对于再生铅行业的环保政策方面也存在一些炒作的题材。

（3）铅酸蓄电池行业的环保政策。国内发生的“血铅”事件将直接影响铅酸蓄电池行业的发展，在环保风暴的监管之下，容易引发市场资金的炒作。

（4）电池行业的替代政策。如新能源规划的提出将加大我国在锂电池方面的投入等，铅酸蓄电池行业可能越来越多地被锂电池行业替代。

（5）机动车行业政策。涉及蓄电池的一些终端用途上也存在炒作的因素，如国家加大对电动自行车的管制方面、汽车限购以及相关补贴政策的退出等，都可能引起铅价的相应波动。

【延伸阅读　铅酸蓄电池的题材】

2011年7、8月份，我国加强了对铅酸蓄电池生产厂商的整治力度，浙江、江苏、广东等省份的铅酸蓄电池的80%的厂商被勒令停产，从而使得铅酸蓄电池出现了供不应求的态势，产品价格节节攀升，尤其是电动自行车用的铅酸蓄电池价格甚至上涨了50%以上，在股票市场上，极大地刺激了多头对铅酸蓄电池板块的追捧力度，铅酸蓄电池板块的上市公司股票出现了不同程度的拉涨行情。

随着国家对环保的格外重视及人们环保意识的不断上升，意味着铅酸蓄电池行业将面临新一轮的洗牌，门槛提高、行业整合将是大势所趋。作为高污染的铅酸蓄电池行业将面临更为严厉的环保产业束缚，行业的龙头企业有望进一步提升市场集中度，推动规模扩张的步伐，而一些规模小、设备和技术落后的企业将会被淘汰出局。

2012年7月1日，由工信部、环保部联合发布《铅蓄电池行业准入条件》（以下简称《准入条件》）正式实施。该《准入条件》从企业布局、生产能力、不符合准入条件的建设项目、工艺与装备、环境保护、节能与回收利用等方面制定了相应的措施。

根据《准入条件》，铅蓄电池生产企业应采用自动化、机械化、封闭式的生产设备，并按照生产规模配备具有相应处理能力的节能设施和污染治理设施，新建、改扩建、现有和单纯极板生产企业应具备相应的生产规模。

《准入条件》对铅蓄电池的镉含量和砷含量都做了严格的规定，同时，生产工艺路线也规定到2012年年底，新建、改扩建的项目，禁止采用外化成工艺。目前，行业仅有20%左右的产能属于使用内化成工艺生产，因此2013年或是政策性行业整合之年。

虽然这次的《准入条件》对新建、改扩建、现有和单纯极板生产企业的生产规模有了一定的限制，但鼓励对铅蓄电池新技术的开发和应用，对采用新技术的企业限制条件也相对宽松。比如，《准入条件》中就明确规定："卷绕式、双极性、铅碳电池（超级电池）等新型铅蓄电池，或采用扩展式（拉网、冲孔、连铸连轧等）板栅制造工艺的生产项目，不受生产能力限制。"

此次实施的《准入条件》明确指出，铅蓄电池生产企业应积极履行生产者责任延伸制，利用销售渠道建立废旧铅蓄电池回收系统，或委托持有危险废物经营许可证的再生铅企业等相关单位对废旧铅蓄电池进行有效回收利用。鼓励铅蓄电池生产企业利用销售渠道建立废旧铅蓄电池回收机制，并与符合有关产业政策要求的再生铅企业共同建立废旧电池回收处理系统。

七、顺势交易应该怎样操作？

顺势交易顾名思义即投资者跟随市场趋势进行交易，不进行主观臆测和随意性交易，如果当前趋势涨就买入开仓，当前趋势跌就卖出开仓。顺势交易虽字面理解较为简单，在具体操作中，并不容易把握。因为这里面蕴含了许多不确定因素，而其中最重要的一条就是对于趋势本身的理解。因为对于同样一个趋势，不同的交易者有不同的看法。其次，对于选择顺应趋势的级别也有很大的不同，有的交易者喜欢顺应大级别的趋势，有的则喜欢小级别的趋势。而且，顺势交易同样也存在弊端，顺势交易的最大弊端就是会导致交易者进行追涨杀跌。

顺势交易是目前市场交易中最常用的交易方法之一，无论是在国外还是在国内。对于大多数交易者来说，顺势交易也被他们广泛接受。

趋势交易在当今投资界受到广泛的欢迎，看对趋势、做对趋势赚大钱，看错趋势、做错趋势亏大钱是一个基本常识。趋势如此重要，首先我们必须要正确判断趋势，如果趋势判断错误，那么顺势交易就没有意义，顺势交易将变成南辕北辙，方向错误的话越努力离目标就可能越远。

趋势判断的方法还是很多的，有均线系统、道氏理论、趋势理论等。但是我们必须固定使用一套方法，也就是自己的一套判断趋势的方法。这样可以达到趋势判断前后的一致性。

首先我们把趋势的方向划分为上涨、下跌和横盘三种基本的形态，这三种形势比较好理解。其次我们把趋势的级别分为短期趋势、中期趋势和长期趋势三种基本的趋势级别，这三种趋势级别需要认真领会。

就铅而言，短期趋势是指铅价在短期内的表现：上涨、下跌和横盘。我们一般看铅的价格是否是 3 天到 10 天左右的新高。如果是，那么我们可以说目前铅价的短期趋势是上涨的。同样短期下跌趋势也是同样的道理，只是价格是规定时间内的新低。当然，如果当天收盘能够维持这个新高或者新低就最好了。

中期趋势就是把时间段适当延长，一般是指 20～50 天左右，在这个时间段内，我们看铅合约价格如果创出新高，说明当前铅价处于中期上升趋势，如果铅合约价格创出新低，说明当前铅价处于中期下跌趋势。

长期趋势也就是同样的道理了，只要把时间段再延长一些就可以了，但是这并不需要很详细的了解，因为大趋势还是可以一眼看清楚的。反而短期、中期趋势大家看得倒是不很清楚。

除了这种方法判断趋势级别以外，我们还可以根据趋势线来验证目前趋势判断是否准确。短期趋势用短期趋势线，就是把铅合约期价的低点依次连接起来，看看是否成一直线。中期趋势就是将铅合约短期趋势的低点连接起来，看看是否在此直线之上。实质上，趋势线的最大作用是判断趋势发展的强弱。而长期趋势则又由中期趋势和短期趋势组成。

如果趋势一开始就是强的，往往以后还会强。这就是趋势强度的趋势关系。这对于开仓点位的选择也是比较重要的。

铅趋势的强弱，首先看铅趋势线的斜率，斜率陡峭的一般都是上涨强的；其次看日线组合，强上升趋势一般是连续的阳线；最后是上涨时是否有大趋势的配合等。

顺势交易，到底顺哪个势呢？

我们把趋势的级别分为短期趋势、中期趋势和长期趋势三种基本的趋势级别，我们在判断好趋势后，该如何顺势交易，顺哪个势呢？

（1）首先，应该顺趋势级别比较大的那个势，即顺长期趋势。

（2）其次，就是顺趋势强度比较大的那个势，中期上升趋势，最好不要急着做空；中期下跌趋势则不应该急着做多，而中期横盘趋势则不能多做。

（3）最后，短期趋势最好也要顺势而为，短期趋势要服从于中长期趋势。

顺应短期趋势可以让自己处于更加灵活的位置，但是只要是顺势都会有一个问题，就是买点在短期内过高的问题，或者买入后价格随后就进行小幅调整。为了避免这个问题，那么我们可以在短期趋势形成的初期就进行买入。那么这样可以为以后的买入提供利润保证，如果你第一仓有了一些利润，那么接下来的第二仓出现一定的亏损也就不会有太大的心理负担，为平稳度过短期调整提供保证，而一旦价格重新走强，那么你已经走入赢利，对于价格的波动就可以安心处置了。

对于交易者来说，持有赢利的部位总是比持有亏损的部位要来得安心，这也是正常的心理。换句话说，如果你一开始就持有赢利的部位，那么你抓住大行情的机会就越大。

八、反趋势交易应该怎样操作？

反趋势顾名思义就是朝相反方向交易的策略，但不同于逆势交易。反趋势交易是在超短的时间周期或者短、中时间周期做与主流趋势相反的交易。实质上，是在市场进入超卖或者超买状况下持有相反的头寸。在一个参与者众多，基本面变化相对稳定和缓慢的市场中，不大可能有一直涨到天上去的行情，也不可能有一直跌到地下去的行情，因此反趋势交易通常具有较高的成功率。

反趋势交易是一种更加依靠于资金管理的操作方法，因为在市场上建立的部位有很多都不可避免将出现账面亏损，所以积极地有准备地面对，甚至主动寻求出现账面亏损，是以退为进的思路。通常作为一个反趋势交易者，往往需要在市场中有长期丰富的经验。一般来说，震荡交易者、日内交易者、短线交易者都是反趋势交易的主体。反趋势交易成功的关键在于反趋势指标、特殊的K线图以及相当充足的交易经验。反趋势交易者通常在趋势转换前做出预判，正因为反趋势交易者需要丰富的交易经验，但对于刚进入交易领域或者时间不长的投资者而言，反趋势交易都不太适合他们。

反趋势交易面临的问题是：一旦遇到单边行情，损失将持续不断地扩大。

相应有两个风险控制的方法：

一是操作的仓位非常小，这样即使承受无比巨大的反向运动，所造成的亏损也极为有限。但这个方法的弱点在于部位太小，收益也就很有限。因此需要利用投资组合增加总的风险暴露。

二是操作的仓位较大，那么一旦风险暴露（账面亏损）增加的速度超过一定范围，就需要开始积极地减小仓位（止损或对冲），直到风险暴露重新落在操作者能够接受的范围内。这两种方法如果综合在一起使用，可以达到更好的效果。

【延伸阅读　与趋势交易者为敌：聚焦反趋势交易策略】

海龟之汤，简称“龟汤”，是个与海龟交易法则相反的交易策略，它利用了跟势交易（特别是海龟方式）在很多假突破方面的缺陷来获利（把海龟做成汤吃掉）。

20世纪80年代早期，有个非常著名的交易员团体——叫做“海龟”。缔造了交易传奇的市场大师理查德·丹尼斯在训练一组新交易员的时候起了这个有趣的名字。因为理查德相信，培训交易员，其实就像新加坡人养海龟一样。这个交易方法被称作海龟方法，这个简单的趋势跟随技巧方法曾令他们的导师理查德取得了巨大的成功。

20 多年过去了，海龟方法现在已不再是个秘密，很多人已经了解它。尽管如此，那为何仍没多少人用它交易取得成功呢？那是因为趋势跟随策略通常需要忍受大幅度和长时间的回撤。很多投资者或交易员没有足够的资本或者愿意坚持这些长期的亏损。通常大多数人在交易转向对他们有利之前就已经退出了。

琳达·华斯基和拉利·康诺在他们的书《华尔街精灵——屡试不爽的短期交易策略》(Street Smarts) 中命名了这个与“海龟”交易法则相反的“龟汤”交易法则。大多数策略不能保持盈利的原因是，一旦很多市场参与者使用它们，这些策略的盈利能力就将退化。这是市场用来平衡那些不平衡现象的方法。华斯基通过与海龟方法相反的交易，发现更多成功和获利的结果。因为海龟法需要很多失败的交易和坐等坏的交易变得盈利。通常当它获利时，它会抵消那些所有的亏损才盈利，而且这个现象周而复始。很显然，华斯基创造这个策略“海龟之汤”的名字是种美式幽默，它利用海龟交易者的成本来获利（把海龟做成汤吃掉）。

原始的“海龟”交易规则至少是波段交易或更久的交易，时间跨度在一周到一个月之间。华斯基女士使用“龟汤”策略做更短期的日内或波段交易，集中地利用了假突破的高频发生现象。一般来说，“海龟”法使用的 20 天周期突破：突破 20 日高则买入，跌破 20 日低则抛售。而下面则是“龟汤”交易法的细则：

(1) 当市场突破 20 日高点（或低点时），如果市场向上突破就做多，如果向下突破就放空。

(2) 20 日低点必须出现在 4 个交易日之前。

(3) 价格跌破 20 日低点并下挫超过 5 至 10 美分，可以在突破点以下 5 至 10 美分放置止损新买单进场（注意：停损单的意思并不局限于对已有头寸的止损，也可以使用它来进行新单开仓进场）。例如，如果 20 日低点为 10. 53 美元，并且市场跌破 10. 43 美元，可以在 10. 47 至 10. 43 美元之间放置止损单——新买单进场，一旦市场重新回到 10. 47 至 10. 43 美元就买入开仓。

(4) 一旦买单成交，在当天日低以下 1 美分放置止损单 Stop。例如，如果当天日低10.32美元，止损单就放在10.31美元。

（5）当交易获利时，设置跟踪止损单Trading Stop（这是国际市场上常见的一种止损指令，在市场回档某个固定幅度或比例的时候，止损单触发成交）。跟踪止损的幅度是-10、-20还是-30美分，由交易员依据股票价格或波动性自行判断。例如，放置-30美分的跟踪止损单，相对于5美元的股票来说，20美元的股票更为合理。同样，-10美分的跟踪止损单对于5美元的股票较为合理。就波动性来说，一只股票日内平均波动幅度可能为40~50美分，而另一只股票日内平均波动幅度可能只有5~10美分。跟踪止损的设置与其说是科学，不如说是艺术，因为该理论创始人没有明确规定跟踪止损幅度。这里经验起到很大的作用。

（6）头寸可能持有几小时至几天。

（7）如果当天或者第二天持仓被止损，交易员可以再次尝试。这也取决于交易员/投资者的个人判断。

文章来源：《中国证券报》2009年2月25日。

九、如何树立正确的期货交易理念

期货交易需要有正确的交易理念，从期货交易的长周期来看，那些期货交易做得比较好的投资者，在交易理念上都不会有太大的偏差；而那些期货交易做得比较差的投资者，在交易理念上都存在偏差。

理念决定人的行为，事实上投资理念才是决定在资本市场大赚或大赔的潜在力量，而投资者通过不断对交易理念的学习、思考和领悟，可以医治人性深处诸多弱点。期货交易者要建立一套适合自己的赢利模式，必须先树立正确的投资理念。

（一）顺势而为

这是期货交易操作被广泛认可的基本原则和经典操作理念。

（二）良好的心态

人性深处贪婪、恐惧等心理严重干扰着交易者的心态，最终导致交易受损。在每天的市场中，期货行情走势充斥着各种各样的洗盘、震仓、假突破等，要辨明真伪又谈何容易。而由于存在保证金交易的机制，期货市场有明显的杠杆效应，市场行情出现小波动就能引起交易者资金总量的大变动，进而对投资者心理产生重大影响。因此，投资者入市心态就变得非常关键，没有良好的心态很难对市场走势做出冷静客观的判断。一个成功的交易者最重要的一种特性是“沉着”，沉着就是镇定，能够冷静对待希望和恐惧；另一种特性是“耐心”，耐心地等待机会，耐心等待更多对交易者有利的因素出现。

（三）资金管理

良好的资金管理体系能有效控制期货交易风险，更能提高期货投资者的最终收益。投资者在进行资金管理中要意识到，长期生存的关键并不在于一时的暴利，而是在低风险下的稳定增长。因此必须坚持严格的自律原则，做好资金管理。

（四）止损策略

在铅的交易中，做错方向是非常正常的事情。期货交易者最容易出问题的是，在一个比较大的趋势中做反行情而不去止损。由于铅期货交易采取保证金交易（期货公司一般是 10% 的保证金），期货价格往相反方向走 10%，这就意味着当初投入的保证金就消失了。当然止损有时会止错，但这是我们为了防止出现更大亏损而必须要采取的措施。投资者要学会用几次小的止损，换取一个大方向的操作方法，千万不要去追求所谓的高胜率。因为再多、再高的胜率，只要有一次亏损 100% 就全部完蛋！

止盈——落袋为安

止盈就是在已经获取了一定利润的情况下，将止损上移或者下移，确保自己有一定盈利的情况下，有机会获得更高的收益；做多单时，将止损上移，做空单时，将止损下移。

这种方法在做股票时，同样也可以采用，不要像坐过山车一样，买了股票以后，股票上涨、下跌都跟自己没有关系。有的投资者买了股票，已经有了 50% 以上的盈利，还能容忍盈利变成零，甚至后来出现亏损。

很多投资者在赚钱时，倒表现得着急想出来。该你赚钱的时候没有赚够。如果赚钱时总是赚了一点儿就走，那么在期货市场只能是亏损。还有某些投资者，总期盼买入的

是最低价格，卖出的是最高价格，追求极致实际上也就带来风险最大化，当做错方向产生一定的亏损时，必须及时止损；相反也不能过于贪欲，懂得“见好就收”。设好止盈价位后，就不要轻易更改，要严格地按照纪律去执行。当然，做期货跟做股票一样可以运用波段操作，认为价格可能回调或者反弹，也可以采取相应的操作。

十、如何进行有效的资金管理？

资金管理是指资金的配置，简单而言，就是确定用多少钱去做相应的交易。资金管理的具体操作包括投资组合的设计，多样化的安排，资金在不同市场的分配，风险—收益比的权衡等。

（一）投资组合的设置

投资组合多样化的目的是风险分散化，也就是“不要把鸡蛋放一个篮子里”。首先，在一般情况下，总投资额一般限制在总资本的50%之内，余额则投入短期政府债券。在这种情况下，投资者投入期货市场的资金在任何时候都保持在全部资本的50%以下，其余用作储备，以保证在交易处于不利位置时有所准备。其次，我们应当控制投入在同一商品群类同一方向的资金总额。例如，铅和锌是有色金属市场群类中具有许多共同特性的两个成员，两者的趋势具有较强的相关性，如果我们把全部资金头寸都注入同一群类的同一方向，就违背了多样化的风险分散原则。

虽然分散投资是控制风险的一个办法，但我们需要找到一个合适的平衡点。依经验来看，一般在三到六个不相关的市场上持有头寸。选择市场的关键在于市场之间的相关性。相关关系越小，越能取得分散投资的功效。

当然，上述的资金管理规则会因交易者的投资风格而略有不同。激进投资者往往持有较大的头寸，而谨慎投资者则会较为保守稳健。进行资金管理的关键在于，采取必要的多样化的投资形式，未雨绸缪，以保护资本的安全以及策略的持续性。

（二）决定头寸的大小

一旦投资者选择了投资的市场，下一步便是决定买卖的头寸。按资金管理的一般规则，在任何单个市场上所投入的总资金一般限制在全部资本的10% ~15%之间。比如说，如果账户的总金额是100000元，则在任何一个独立的市场上，一般只能投入 10000 元至 15000 元作为保证金。这一措施的目的在于防止交易商在一个市场上注入过多的本金。

（三）风险—收益比

涉及风险—收益比的问题，我们的原则是确保获利交易的盈利额大于亏损交易的损失额。因此，投资者在进行期货交易时要树立全面的思维，同时考虑风险和收益，无论是投资还是投机，应该追求小投入高回报，衡量风险和收益的指标就是风险—收益比，其计算公式为：

风险—收益比 = 可能损失/可能收益。

期货交易中亏损不可避免，重要的是我们要做到小赔大赚，而不是小赚大赔，风险—收益比就是一个很不错的衡量指标，风险—收益比有一个通用的标准是 1:3。

（四）复合头寸交易

在交易的时候，我们难免会遇到一种情况：我们对长期趋势有较大的把握，但在短期内，价格却是往趋势相反的方向发展，我们相信市场尚有很大的上涨余地，但又担心短期价格下跌。在这种情况下，采用复合头寸交易的策略可以解决问题。通过复合头寸，我们把交易单位分成交易头寸和跟势头寸两部分。跟势头寸是为了保护长期的有利位置，设置较远的止损指令，为市场的巩固或调整留有充分的余地。同时利用交易头寸频繁地出市入市进行短线交易，并设置较近的止损指令，以锁定或确保利润。一般情况下，多单位的头寸分配为 10% ~15% 用于长期跟势头寸，20% ~25% 用于中线的跟势头寸，以及 30% ~35% 用于交易头寸。通过多单位头寸的交易，我们可以提高总的交易成绩。

挽回损失率需要多少的盈利率？

期货行情走势与我们的预期方向相反时，足以证明此前我们的判断是错误的，此时我们应该做的就是赶快接受损失，果断地止损出局，绝对不能平摊损失。如果一个交易者第一笔交易资金亏损 20%，那么第二笔交易必须盈利多少才能挽回损失呢？在不考虑交易成本的情况下，如果交易者始终用总仓位同样比例的保证金交易的话，亏损 20% 必须是盈利 25% 才会挽回损失。同样的，也就说盈利

25%后只用亏损20%就把盈利的全部亏掉了。具体请看表4-1。

从表4-1中，我们看到如果期货交易者资金亏损50%后必须盈利100%才能保本，或者说盈利100%后只用亏损50%就能把盈利的全部亏掉。我们从中可以得到资金管理两点启示：

（1）期货交易者在交易之前必须设定一个明确的止损点（如10%），并严格执行纪律，绝对不能让资金损失超过这个止损点。

（2）当期货交易有了较大的一次盈利后，我们应该保持谨慎，可以考虑轻仓交易来降低正常回撤时的资金损失。

表4-1　　损失率与挽回所需盈利率表

损失率	挽回损失需要的盈利率（不考虑交易成本）
8%	8.7%
10%	11.1%
20%	25%
30%	42.8%
40%	66.6%
50%	100%

十一、如何进行风险控制？

期货市场是一个使用保证金制度、双向T+0交易的投机市场。因此，期货市场具有以下的风险特点：第一，保证金的杠杆作用，在扩大收益的同时也扩大了亏损，导致期货市场具有高收益和高风险的特点。第二，期货市场的保证金制度、强制平仓制度和到期交割制度是期货区别于股票投资的重要因素。在股票交易中，只要不割肉离场，依然还是长期股东，依旧未定胜负，而在期货市场不及时割肉离场，则很有可能会血本无归。第三，尽管期货市场的初衷是为了满足现货商套期保值的需求，但目前期货市场的投资者当中却是以投机交易者居多。由于期货市场的这些特质，风险管理在期货交易中显得尤为重要。

期货的风险管理主要通过止盈和止损去实现。止损指令一般有两种情况：在判断方向错误时，买入止损指令一般设置在市场上方，而卖出指令则设置在市场下方。止损的一般原则是，在任何单个的市场上所投入的总亏损金额必须限制在全部资本的 7% 以内。在判断方向正确时，可设立跟踪止损，也就是止盈，在多头头寸的情况下，卖出保护性止损指令应设置在市场下方，当价格上涨时，我们可以通过提高止损指令的水平来保护账面利润。

交易者在设置止损的触发值时应当综合考虑投资者自身的风险承受能力、投资品种间的相关性以及市场的波动性。当交易者的头寸出现亏损，如果投资者无法承受这样的亏损，则应该立刻止损出局。在考虑投资品种间的关系时，品种间的正相关关系较高，则应该设置较小的止损触发值；反之，则应该设置较大的止损值。而在考虑市场的波动性时，市场波动较大，止损触发值就应该设置得较大；市场波动率较小，则应该设置较小的止损触发值。

套期保值也要注意资金风险

企业在做套期保值交易中，一定要重视资金风险。考虑到期货市场价格出现不利变动时，可能对短期资金流动带来的持续性影响，要提前做好相应的计划及应对策略，并且一定要从自己的实际财务情况出发确定套期保值的总体规模。

这也提醒我们在从事铅期货套期保值的过程中，也一定要量力而行，结合自己的资金实力，建立合理套期保值头寸，要高度重视期货头寸处于不利时可能带来的现实资金压力。

自　测　题

一、单选题

1. 铅企业通过套期保值操作可以把风险转移出去，最终风险的承担者是(　　)。

A. 铅企业　　B. 投机者

C. 期货公司　　D. 期货交易所

2. 下列不是铅期货价格分析方法要点的是(　　)。

A. 金融属性　　　　B. 供需结构
C. 股市走势　　　　D. 成本分析

3. 在铅的交易中，如果做错行情使资金损失达到一定的比例，此时合理的策略是(　　)。

A. 不理会　　　　B. 加仓平摊损失
C. 及时止损　　　　D. 锁仓

4. 如果铅期货交易者资金亏损50%，如果要回本，在不考虑交易成本的条件下，必须盈利(　　)才能保本。

A. 50%　　　　B. 60%
C. 75%　　　　D. 100%

5. 铅期货交易中，被广泛认可的基本交易原则和经典操作理念是(　　)。

A. 顺势而为　　　　B. 反趋势操作
C. 满仓操作　　　　D. 追求高胜率

二、多选题

1. 铅期货交易的特点有(　　)。

A. 期货合约的标准化　　　　B. 保证金交易
C. 每日无负债结算制度　　　　D. 实物交割率高

2. 铅期货交易的类型有哪些？(　　)

A. 套期保值　　　　B. 投机
C. 套利　　　　D. 交割

3. 进行铅期货交易的流程有哪些？(　　)

A. 开户与下单　　　　B. 竞价
C. 结算　　　　D. 交割

4. 影响铅价异常波动的题材因素包括(　　)。

A. 铅企业的减产以及新增产能投放等
B. 再生铅的环保政策
C. 铅酸蓄电池行业的环保政策
D. 电池行业的替代政策

5. 铅期货正确的交易理念包括(　　)。

A. 顺势而为　　B. 良好的心态

C. 资金管理　　D. 止损策略

三、判断题

1. 铅的套期保值是一种以规避现货铅价格波动风险的期货交易行为。(　　)

2. 期货市场上投机交易能提高市场流动性，活跃市场氛围，因此投机越多越好。(　　)

3. 铅与锌的相关性较高，两者之间存在跨品种套利机会。(　　)

4. 伦敦金属交易所上市交易的铅合约由于采用做市制度，故其报盘方法也采用和外汇相同的买卖价格方式，而非国内常用的电子撮合方法。(　　)

5. 在铅的短期趋势中，仍可以表现为上涨、下跌和横盘。(　　)

6. 进行铅的反趋势交易不能实现盈利。(　　)

7. 铅价格走势的趋势线可以用来判断趋势运行的强弱，如果铅趋势线的斜率平缓，表明铅的趋势性强。(　　)

8. 铅期货交易者经常在铅的交易中出现止损止错的情形，因此铅期货交易者最好采取不止损策略。(　　)

9. 投资组合多样化可以降低风险。(　　)

10. 铅企业的套期保值不需要注意资金风险。(　　)

参考答案

一、单选题

1. B　　2. C　　3. C　　4. D　　5. A

二、多选题

1. ABC　　2. ABC　　3. ABCD

4. ABCD　　5. ABCD

三、判断题

1. √	2. ×	3. √	4. √	5. √
6. ×	7. ×	8. ×	9. √	10. ×

第五章 铅企业的套期保值

【本章要点】

本章从什么是套期保值、铅各产业链企业为什么要参与套期保值出发，研究铅产业链各环节的企业如何进行套期保值，通过各种保值案例并结合保值理论的说明指导铅矿企业、冶炼厂、加工企业及国内外贸易企业如何进行相关的保值操作。同时指出套期保值的操作流程及操作过程中的一些注意事项。最后，本章还介绍了企业该如何进入期货市场以及如何申请套期保值等问题。

一、什么是套期保值？

（一）套期保值的概念

“套期保值”译自英文 Hedging，又译作“对冲”。传统概念的套期保值是指在期货市场上进行与现货数量相等但交易方向相反的期货合约操作，以期在将来某一时间用一个市场的盈利来弥补另一个市场的亏损，从而有效地规避现货市场价格波动的风险。也就是说，套期保值是通过期货和现货两个市场来共同完成的，不能简单地把两个市场分割开来评价其作用。

从期货市场起源的角度来看，期货市场的产生是为了规避现货市场价格波动的风险。套期保值是一种避险需求，其目的并不在于盈利。实际上，套期保值就是把期货市场当作转移价格风险的场所，利用期货合约作为将来在现货市场上买卖商品的临时替代物，对其现在买进、准备以后卖出商品，或对将来需要买进商品的价格进行预先锁定的交易活动。

（二）套期保值的原理

套期保值是通过在现货和期货两个市场进行数量相等方向相反的操作来规避现货市场价格波动的风险，但套期保值功能的实现需要具备一定的条件。

1. 标准化合约与相关现货商品有可替代性。期货合约都是标准化的，交易所对期货合约交易单位、报价单位、最小变动价位以及交割产品的质量、数量和等级都做出了明确的规定。交易双方不会由于对期货合约的不同理解而产生任何争议；合约期满，实际交割时也不会引起任何纠纷，并且合约具有法律效力，具有履约保证性。因此，交易者很自然可将期货合约作为自己未来现货市场买进或卖出现货商品的临时替代物。

2. 期货价格和现货价格的变动趋势基本一致。作为对于远期现货市场价格的预期，期货市场受到与现货市场供求变动相关因素的影响。当特定的因素变化引起现货市场价格上涨（下降）时，相同商品的期货价格也会受此影响而出现上涨（下降）。尽管现货和期货价格变动的幅度可能会不一致，但变动方向在大部分情况下是一致的。期货和现货市场价格波动趋势的一致性使得套期保值者可以通过期货市场与现货市场上的反向操作来消除现货市场价格波动带来的不利影响，从而达到保值的目的。

3. 随着期货合约到期日的临近，期货价格与现货价格趋向一致。期货合约都有到期日。期货交易规定，合约到期时必须进行实物交割。临近交割日时，如果期货价格和现货价格不同，期货和现货两个市场就会存在一定的套利机会。如果期货价格高于现货价格就会有套利者买入低价现货，卖出高价期货。在期货交割之后，以现货市场上购买的现货进行交割。当期货价格低于现货价格时，则进行相反的操作。这种套利交易最终使期货价格和现货价格随着期货合约的到期而趋向一致。

总而言之，期货市场具备套期保值功能是因为同一种特定商品的期货和现货价格受相同的经济因素和非经济因素影响和制约。而且期货合约到期必须进行实货交割，这使得现货价格与期货价格趋向一致。因而期货和现货价格具有高度的正相关性。在具有高度正相关的两个市场中进行反向操作，必然能够达到对冲的效果。正是上述经济原理的作用，才保证生产、加工和流通企业利用期货市场进行套期保值规避风险。

（三）套期保值的类型

按照在期货市场上所持的头寸，套期保值分为卖出套期保值和买入套期保值。卖出套期保值（卖期保值）是套期保值者卖出期货合约，持有空头头寸，以保护他在现货市场中的多头头寸，旨在避免价格下跌的风险，通常为农场主、矿业主等生产者和仓储业主等经营者所采用。买入套期保值（买期保值）是套期保值者买进期货合约，持有多头头寸，以保障他在现货市场的空头头寸，旨在避免价格上涨的风险，通常为加工商、制造业者和经营者所采用。

二、铅企业为什么要参与期货市场进行套期保值？

改革开放以来，中国以年均10%以上的经济增长速度快速发展。然而，在经济总量增大的同时，国内的各产业面临的经济环境也越来越复杂。企业面临的风险源、风险传递渠道、传播速度等也日益复杂且难以管控。尤其是2008年金融危机以来，国际金融市场和金融形势都发生了很大的变化，铅价波动日益剧烈，并且呈现出更多类似于金融产品的特征，市场上也称之为商品金融化特征。在商品金融化背景下，投机者加入供需体系以及市场参与者改变行为模式使得大宗商品价格表现出新的特点，比如价格波动频繁、价格波幅扩大等。

铅作为重要的大宗商品品种之一也不可避免地具有上述特征。以

2008年为例，长江有色市场现货铅价一年时间下跌幅度达54%。铅价的大幅波动加剧了铅企业面临的风险，对铅企业的成本和利润影响较大，使得铅企业风险管理的需求变得迫切。投资者如何在频繁的价格波动中把握铅价波动的主要趋势成为涉铅企业面对的一大挑战，也对铅产业链各环节企业的价格风险管理提出更高的要求。长江有色市场现货铅价走势见图5－1。

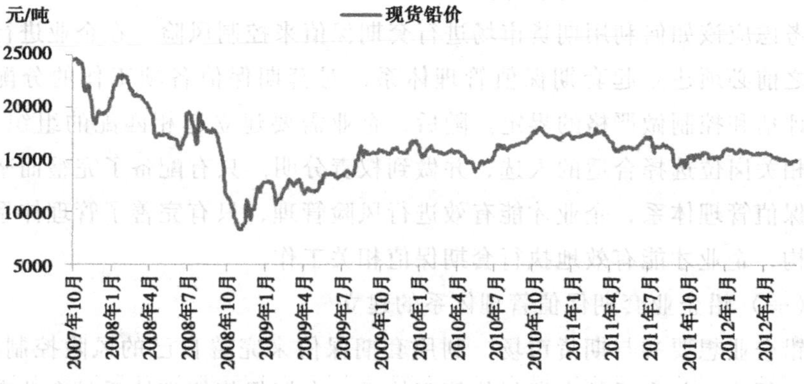

图5－1 长江有色市场现货铅价走势图

数据来源：WIND、金瑞期货。

面对这些新的挑战，充分利用期货市场的价格发现机制以及套期保值功能，借助专业期货研究智囊团队的力量，提高铅企业对铅价波动的应对能力，将成为企业战略发展中的一个重要部分。一方面，利用期货市场进行套期保值不仅可以规避铅价下跌或上涨的风险，稳定企业的生产经营，还能够让企业专注于铅价以外的其他竞争，扩大市场规模，把企业做大做强；另一方面，随着期货市场的发展，现货经营相关的经济主体也在逐步改变套期保值的理念，利用期货市场进行套期保值已经成为企业进行整体风险管理及布置投资战略的工具。随着国内铅期货合约的上市，将有越来越多的铅企业参与到期货市场中来，也将有越来越多的铅企业基于企业战略的高度来进行套期保值，将套期保值作为企业的整体投资战略中的一部分，提升到了企业总体风险管理和竞争战略层面。

近年来，随着期货市场规模稳步扩大、基础法规不断健全以及期货公司实力的不断增强，期货市场作为风险管理的专业市场，在服务国民经济、服务现货产业方面取得了显著成果。期货作为一种重要的风险管理工具，已有越来越多企业认识到利用期货市场进行风险管理的重要性。

三、铅企业如何建立适合自己的套期保值管理体系?

在充分认识到企业套期保值的必要性和理解套期保值的内涵之后，铅企业会考虑应该如何利用期货市场进行套期保值来控制风险。在企业进行套期保值之前必须建立起套期保值管理体系，对套期保值各项工作的分配、开展、评估和控制做严格的界定。随后，企业需要建立起相匹配的组织架构，为各相关岗位选择合适的人选，并做到权责分明。只有配备了完整而坚实的套期保值管理体系，企业才能有效进行风险管理，只有完善了管理体系的组织架构，企业才能有效地执行套期保值相关工作。

（一）铅企业套期保值管理体系的建立

铅企业想要参与期货市场，利用套期保值来完善自己的风险控制体系，首先必须建立起合适的套期保值管理体系。套期保值管理体系是企业套期保值管理框架的基础，它为套期保值的有效执行提供组织、分析、操作和系统的支持。这是一项复杂的系统工程，它兼备多种功能，由多个分支构成（主要包括识别风险，衡量风险，做出适当的决策、预警、监控、补救、评估和辅助等），各分支虽然特征不同、承担的责任不同，但它们之间的关系非常密切。

衡量风险系统是指用来衡量企业面临的风险大小及其影响，为保值决策提供依据的系统。该系统主要用于根据企业的实际运营情况估计企业面临的风险点，风险大小及这些风险点对企业的影响程度，它能够为下一步的套期保值决策提供依据。

【案例5-1】

某精炼铅企业原料采购、生产、销售流程见图5-2。

根据对公司的调研，该企业希望通过保值来达到稳定赚取加工费的目标，通过对其生产经营流程的分析，风险点可以归纳为以下几个方面：

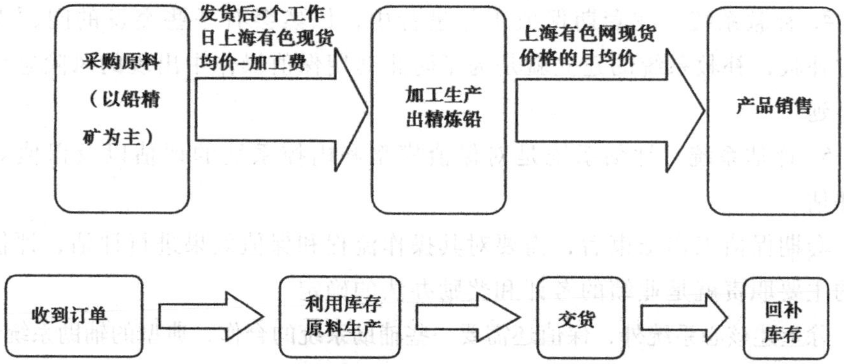

图 5－2　精炼铅企业流程图

（1）采购价格风险。产品生产时一般会先挪用原料库存，挪用部分将在月底前买入现货原料补回。在此过程中，公司将要承担价格上涨的风险；（2）潜在库存风险。原料部分的数量是一定的，如果价格大幅下跌，原料和产品出现库存，风险也就出现了。

完成风险识别后，企业就可以根据上面的风险决定相应的对冲方案了。

1. 决策系统。决策系统是套期保值管理体系的核心，发挥着整体调控的作用。主要涵盖的职能包括：设计和指导整个套期保值管理体系的运作，确定企业套期保值的总体目标、风险偏好、风险承受能力，制定防范风险的各种规则和指导方针，规范业务运作，指导业务人员开展套期保值具体工作。决策系统需要根据具体的风险特征和出现的情况选择风险管理的最佳策略，对重大风险制定防范或化解风险的各项具体措施和安排，审批重大套期保值方案并发出进行套期保值的指令。

2. 预警系统。预警系统顾名思义就是要对套期保值的操作动态进行跟踪，采取相应的措施及时辨识和规避重大风险。企业可以根据企业运营的历史经验、对行业整体的分析以及对宏观环境发展变化的考量来选择预警指标。

3. 监控系统。监控系统是与预警系统紧密相关的，通过监控系统设置一系列指标，配合预警系统的预警指标，让保值管理人员随时掌握公司风险动态，督促风险管理，当预警提示风险时，随时向上级部门汇报风险变化情况。同时，监控系统还对内部业务经营以及保值管理部门进行稽核，对决策系统的决策执行情况进行检查，一旦发现问题，及时汇报，限期整改。

4. 补救系统。在套期保值工作进行中，依然会有一些突发的问题需要及时补救，补救系统的建立就是为了防止套期保值操作中出现的风险恶化或者蔓延。

5. 评估系统。评估系统是对保值模型和内控系统的评估以及保值效果的评估。

套期保值工作结束后，需要对其操作流程和保值效果进行评估，评估体系的主要职责就是业绩的考评和奖励办法的确定。

除上述核心系统外，保值还需要一些辅助系统的合作，典型的辅助系统有：

（1）建立信息和数据库，为保值管理和操作提供数据支持。

（2）交易凭证和资料的保管。

（3）职能部门之间的紧密协作。

（二）铅企业套期保值管理体系的组织结构

当铅企业建立了套期保值管理体系，即一个运作的框架，那么怎样设定相关的部门选择合适的人选在这个框架上运作呢？这就需要在这个框架的基础上建立健全的组织结构。这个组织结构的设计需要遵循以下几项原则：

1. 协调与效率有效结合的总体原则。这个组织结构的设计要充分考虑企业内部各业务职能机构的设置及相互间的协调，既要保证部门之间的权责分明，又要保证部门之间的信息沟通便捷快速、准确无误。既要在部门之间及部门内部建立必要的监督机制，又要保证企业经营和管理系统的高效运作。

2. 全面管理原则。套期保值管理应当渗透到与企业套保相关的各项业务的各个过程各个操作环节，切实做到全员、全程和全方位的风险管理。即要求与套保相关的所有员工参与风险管理，对套保相关业务的授权、执行、监督检查等全过程实行控制，覆盖企业套保过程面临的所有风险。其中，与套保有关的人员包括期货部门员工、现货部门与期货部门的联系人员以及现货部门和财务部门的相关人员，全方位风险不仅包括市场风险、操作风险、流动性风险和信用风险，还包括结算风险、法律风险和声誉风险等风险因素。

3. 集中且垂直管理原则。集中管理要求把风险管理的职责集中到专门的风险管理部门，即套期保值管理体系中应同时设立风险管理委员会和具体风险管理业务部门。其中，风险管理委员会负责制定整体风险政策，进行总体风险汇总、监控与报告，并制定风险管理办法和决策；具体风险管理业务部门则进行具体的风险管理，实施风险管理委员会指定的风险政策，并实时监控风险。垂直管理则要求风险管理委员会作出风险管理决策以及管理政策、指标限制、批准意见等后应及时传递给风险管理职能部门，再结合职能部门收集到的具体信息将决策信息具体化和定量化后传导至具体操作的业务部门进行实际操作。

4. 独立性与程序化相结合的管理原则。套期保值管理体系的检查、评价部门应当独立于管理和执行部门，有直接向董事会和高级管理层报告的渠道。具体表现为，套保管理结构在组织制度上形成董事会、风险管理委员会直接领导的，以独立风险管理部门为中心，与各个业务部门紧密联系的，职能上独立的风险管理系统；风控部门要与经营、支持保障部门保持相互独立，双方应在追求业务经营和控制风险之间寻求平衡；内部审计和监察部门应完全独立于业务经营、管理和支持保障部门，直接向最高决策层负责，保证风险管理切实公正的执行。但是在独立的同时又应当严格遵循事前授权审批、事中执行和事后审计监督三道程序。这样有利于企业防范风险，加强企业在风险环境中及时、有效、系统的管理风险的能力。

一个完整的组织结构应该包括三个部分：决策层、管理层和执行层（见图5－3）。

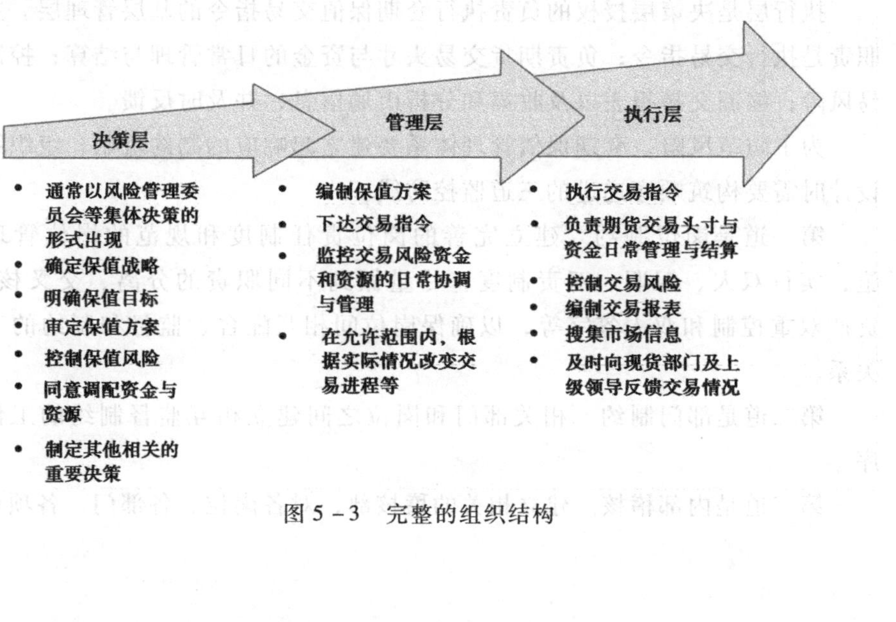

图5－3 完整的组织结构

决策层应由企业的最高领导人直接负责，包括董事长、总经理、财务总监等企业的最高决策集体。决策层通常以风险管理委员会等机体决策的形式出现。以团队形式设计决策层主要是有两个目的：（1）更好地落实董事会等企业最高决策机构的日常风险管理工作；（2）有效防止决策人员与执行部门串通而进行冒险行为。决策层的主要工作包括：（1）确保套期保值有完善的内部控制、规范的业务程序和适当的运作政策，使各种操作都收到有效的控制，并定期对内控情况和风险管理基础设施状况进行评估；（2）清楚掌握企业经营所面临的风险；（3）批准企业可以承受的风险大小。具体职责包含负责确定保值战略，明确保值目标，审定保值方案，控制保值风险，统一调配保值的资金与资源以及制定与套期保值交易相关的其他重要决定。在套期保值交易管理体系中，只有决策层有权制定、变更或终止套期保值交易方案。

管理层是有决策层授权并负责执行套期保值交易决策方案的中间管理层。其主要职能是编制套利保值方案决策层决策；按保值决策方案编制并下达交易指令；监控交易风险以及交易过程中的资金与资源的日常协调与管理。管理层虽然无权变更或者终止套期保值决策方案，但有变更和终止套期保值交易的建议权。管理层可以在保值方案允许的范围内，根据实际情况改变交易的进程。

执行层是决策层授权的负责执行套期保值交易指令的基层管理层。主要职责是执行交易指令；负责期货交易头寸与资金的日常管理与结算；控制交易风险；编制交易报表以及收集和分析市场信息，并及时反馈。

为了防范风险，套期保值管理体系要建立起响应的制约机制，组织结构设计时需要构筑顺序递进的三道监控防线。

第一道是岗位制约。建立完善的岗位责任制度和规范的岗位管理措施，实行双人、双职、双责制度，尽量做到不同职责的分离、交叉核对、资产双重控制和双人签字等，以确保岗位间相互配合、监督和制约的工作关系。

第二道是部门制约。相关部门和岗位之间建立相互监督制约的工作程序。

第三道是内部稽核。建立相关的稽核部，对各岗位、各部门、各项业务实施全面的监督，及时发现问题，真实地反映情况，并协助有关部门纠正错误、堵塞漏洞，确保各种规章制度有效执行，避免不正当行为所构成的风险隐患。

【案例5-2】

某精炼铅生产企业套期保值组织结构的设定

图5-4展示了某精炼铅生产企业套期保值的组织结构。

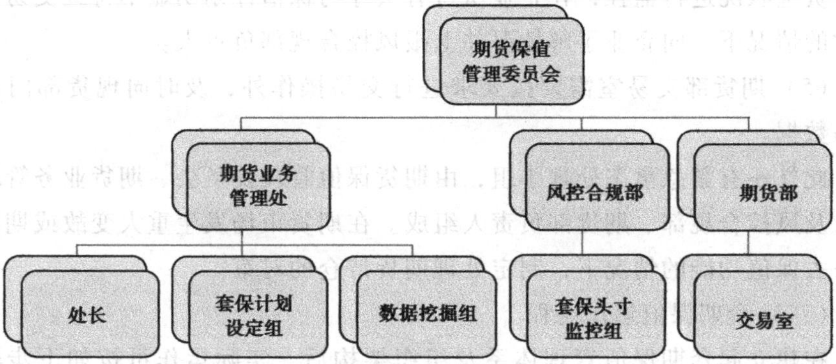

图5-4 精炼铅企业套保组织结构

在这样的组织结构下，由上而下形成该企业套期保值管理体系组织结构中的决策层、管理层和执行层。决策层以期货保值管理委员会的团体形式设计；中间管理层包括了期货业务管理处和期货部外，还专门设立了风控合规部，以形成自上而下的独立的风险管理体系；最下方也是最前线的执行层是各管理层的下属部门，具体的职责和分工如下：

（1）处长主要负责组织、监督期货业务管理处各部门的日常工作。套保计划设定组制订保值计划，并提交保值管理委员会审核，为数据挖掘组提出工作目标并监督目标的完成。此外，处长还需要组织召开季度性保值会议等。

（2）套保计划设定组负责分析下属递交的现货经营情况报告，并提出相应的期货保值方案，并在每次季度保值会议时进行更新。为了优化套期保值方案，该组需要与执行部门沟通保值方案的可行性及执行情况，了解企业的最新动向和需求。

(3) 数据挖掘组全面收集执行部门每日现货合同签订情况、库存状况、期货操作情况等数据，并归类整理，建立完整的保值数据库。根据处长提出的工作目标，进行数据挖掘，定量分析企业保值中存在的问题及优化办法。在工作中需要每天计算集团整体风险敞口状况，定期向处长提交风险敞口变化情况报告，并在必要时为头寸监控组提供数据支持。

(4) 风控合规部头寸监控组根据保值计划，对企业期货账户持有的头寸及资金状况进行监控，在企业所持有头寸与保值计划明显不符或交易出现异常的情况下，向企业了解情况并上报风控合规部负责人。

(5) 期货部交易室需要按要求进行交易操作外，及时向现货部门反馈交易数据。

此外还有紧急事态处理小组，由期货保值管理委员会、期货业务管理处处长及风控合规部、期货部负责人组成。在期货市场发生重大变故或期货市场失去保值功能的情况下，制定处理期货持仓的对策。

(三) 套期保值运作流程

在建立起套期保值管理体系及组织架构后，实际运作可按如下步骤进行：

第一步，风险识别。通过对企业保值目标的梳理，经营流程的分析，确定影响企业目标的各类风险，在此基础上进一步确定哪些通过保值可以规避同时也需要规避的风险点；根据风险点区分不同类别的保值业务，包括：铅锌矿山企业下游敞口的保值业务、铅锌冶炼企业、加工企业及贸易企业等双向敞口的保值业务以及铅锌蓄电池等终端消费企业上游敞口的保值业务，以便于制定对应的风险对冲策略。

第二步，风险量化。利用各种风险量化的工具确定不同风险点下企业的风险值，帮助涉铅企业确定对风险进行管理的目标，同时也可以协助企业甄选最佳保值策略，这些工具主要包括：在险价值、情景分析、压力测试等。

第三步，保值策略制定。针对不同的风险点和风险程度，利用不同的保值工具制定对应的保值策略。例如，铅锌矿山企业采用卖出套期保值，铅锌蓄电池等终端消费企业则采用买入套期保值的策略。

第四步，保值方案优化。由于保值成本、基差等因素的存在使得完美保值很难实现，因此企业可以结合实际情况来优化保值方案实施效果。

第五步，保值跟踪及风控。利用保值报表跟踪保值效果，第一时间发现保值中的风险和问题并及时调整保值策略。

第六步，保值效果评估。建立完善的保值效果评估体系，以确定保值是否达到预期的效果，便于对保值人员进行考核以及对保值思路或者策略进行完善。

具体步骤见图5-5。

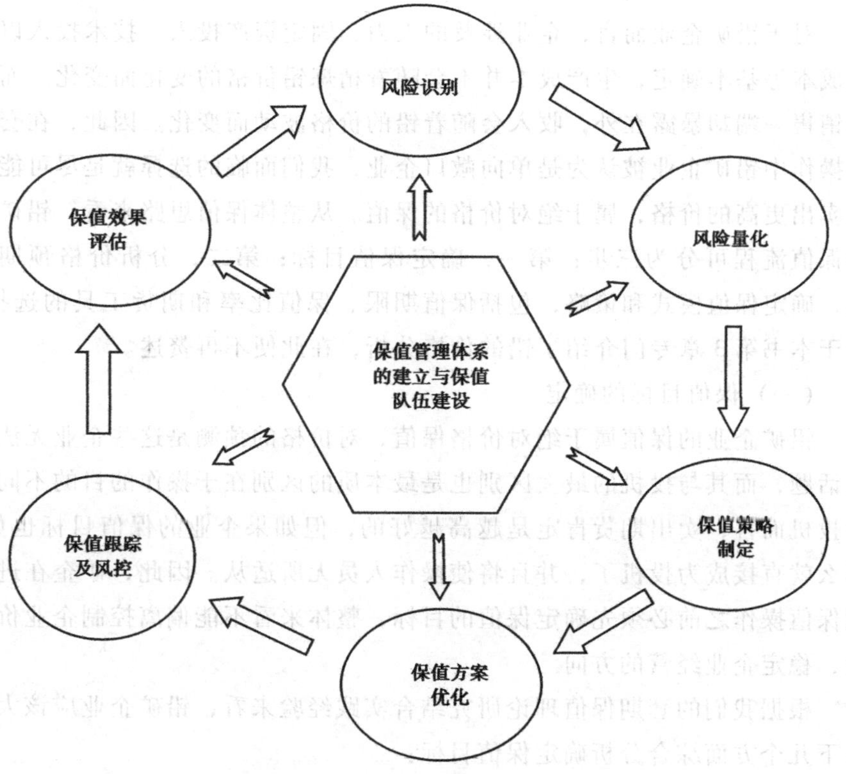

图5-5 套期保值运作流程

值得注意的是这六个步骤不能简单地看做六个独立的过程，而是要看成一组由不同层次循环组成的大体系，企业从无到有建立套期保值业务体系，这是大循环；企业在现有业务基础上开展一项新业务，如何对这项新业务进行保值，也需要按照上面的步骤完成一个循环，这是中循环；企业在完成一个阶段性的保值计划，开展下一阶段的保值时，继续按照上面的步骤进行，这是小循环。

按照这些基本步骤，结合企业的实际情况，建立起套期保值业务体系并开展套保操作，对于提升企业的风险管理水平有非常重要的意义。

四、铅矿企业如何进行套期保值操作？

对于铅矿企业而言，企业涉及的人力、固定资产投入、技术投入以及资金成本等基本确定，生产成本并不会随着精炼铅价格的变化而变化。而产品的销售一端却暴露在外，收入会随着铅的价格波动而变化。因此，在套期保值操作中铅矿企业被认为是单向敞口企业，我们面临的选择就是尽可能使产品卖出更高的价格，属于绝对价格的保值。从整体保值思路来看，铅矿企业的保值流程可分为三步：第一，确定保值目标；第二，分析价格预期；第三，确定保值模式和策略，包括保值期限、保值比率和期货工具的选择等。由于本书第3章专门介绍了铅的价格分析，在此便不再赘述。

（一）保值目标的确定

铅矿企业的保值属于绝对价格保值，对价格的预测是这些企业无法绕开的话题，而其与投机的最大区别也是最本质的区别在于操作的目的不同。作为投机而言，卖出期货肯定是越高越好的，但如果企业的保值目标也如此，那么就直接成为投机了，并且将使操作人员无所适从。因此，矿企在进行套期保值操作之前必须先确定保值的目标，整体来看不能偏离控制企业价格风险，稳定企业经营的方向。

根据我们的套期保值理论研究结合实践经验来看，铅矿企业应该大致从以下几个方面综合分析确定保值目标：

1. 结合价格判断及均价预期，根据利润目标倒推价格目标。假如某铅矿企业希望保持稳定的增长，由此设定了企业的利润率目标为25%～30%，根据财务部门的测算，该企业的生产成本为14000元/吨，由此可以简单推断企业的保值价格目标区间为17500～18200元/吨。随着企业生产成本的变化以及目标利润率的变化，企业的保值目标价格也会随之变化。但是这样算出来的目标价格不一定符合市场的实际情况，因此，还需要结合企业对市场价格的预期和判断，确定符合实际的目标利润率和保值价格区间。

2. 副产品是否计价。铅矿中的白银等副产品含量较高，企业在销售时白银是否计价将影响企业对铅矿的利润目标，进而影响保值价格的确定。白银等副产品能给企业带来的额外收益越高，企业对铅矿销售的价格目标将会进行适当的调整，反之，则会提高。

3. 企业的风险承受力和管理者的风险偏好。不同企业的风险承受能力不同，而不同的管理者又具有不同的风险偏好，在保值目标的设定过程中，应该以企业能够承受的风险能力和管理者愿意承担的风险作为最低的保值目标。

4. 融资需要及监管层要求。融资在国外非常普遍，如果企业想从银行融资进行矿山开采，则银行会要求企业对未来生产的铅矿进行保值，以保证企业价格风险得到一定的控制，未来有能力归还贷款。相信随着国内期货市场的发展，人们对套期保值功能有更充分的认识后，国内的企业融资或将面临同样的要求。而监管层的要求也是企业制定目标时必须考虑的因素。

铅矿企业的保值决策者应该在综合考虑以上几个因素的基础上，确定保值的合理目标区间，做到保值有理可据，以区分投机操作。当然，铅矿企业的保值目标可以随着经营变化、行情的波动以及管理者的变动等进行调整。

（二）铅矿企业套期保值模式及策略

铅矿企业利用期货市场进行套期保值的思路非常简单：预计未来将有一定数量的铅矿需要销售，企业担心铅矿价格下跌，影响企业利润，因此提前在期货市场卖出保值以锁定风险。铅矿企业在现货市场持有多头，卖出保值后在期货市场持有空头。当价格下跌时，现货铅矿的销售价格将低于之前的预期，但基于现货市场与期货市场价格走势趋于一致，期货市场将有盈利，这将弥补现货市场上的亏损。因此，铅矿企业确定卖出保值的目标之后，便可以于相应的价位在期货市场抛出。这里企业要需要注意的事项有如下几点：

1. 保值合约的选择。一般来说选择月份相同或相近的流动性充足的合约。就当前的市场来看，企业一般选择主力合约。

2. 保值数量的确定。铅矿企业是单向敞口企业，保值过程中需要对价格进行预测，这使得铅矿企业的保值有别于加工企业等双向敞口企业。那么，卖出保值的数量就不一定完全和现货的数量相等，保值的比例会根据企业和市场的实际情况而定，但保值的数量一定小于现货数量。否则，将产生额外的风险敞口。

3. 入场和出场。当价格运行到保值目标时即可入场卖出；出场的选择分为正常情况和非正常情况，正常情况即为现货卖出时即在期货市场买入平仓。而非正常情况则是建立在对行情的判断上，如果行情走势与预判的相反，则企业将止损离场。但这里应该注意，企业的卖出保值是在对价格长期趋势的预判基础上进行的，一般来讲行情的短期变化并不在企业的关注范围内。

【案例 5－3】

2011 年 8 月，甲公司持有 1000 吨金属含量的铅矿准备销售，目标价位为当前的现货价格。但由于欧债危机引起市场的担忧情绪越来越浓厚，铅价很可能到销售时将面临贬值的风险。为了保证企业的稳定盈利，持续经营，规避价格暴跌给企业带来的亏损。经企业领导班子决定，对该 1000 金属吨的铅矿进行卖出保值，在铅的主力合约价格运行至 16300 元/吨以上时陆续进行卖出保值，卖出现货时就平仓了结头寸。具体流程见表 5－1。

表 5－1　　卖出套期保值实例

时间	期货		现货	
	价格（元/吨）	数量	价格（元/吨）	数量
8 月 17 日	16450	卖出 500 吨	16250	—
8 月 23 日	16600	卖出 500 吨	16250	—
9 月 28 日	14400	平仓 200 吨	14400	卖出 200 吨
9 月 29 日	14000	平仓 500 吨	14250	卖出 500 吨
10 月 11 日	14900	平仓 300 吨	14800	卖出 300 吨
盈亏	+2175000 元		－1810000 元	

单向敞口企业的套期保值属于绝对价格保值，对价格的预测是这些企业无法绕开的话题。因此，这一类的卖出保值本身存在的风险也高于相对价格

的保值模式。所以，许多的企业在保值过程中往往只选择一定的比率进行保值，并且保值比例会随着价格的变化而有所变化。企业保值比例的确定一般会考虑以下几个因素：

（1）价格预期。当企业认为价格将出现大幅或者持久的下跌时，适当加大保值比例。

（2）经营目标。当价格上行到已经能够满足企业今年的经营目标时，为了防范风险，稳定经营，应该选择加大保值比例。

（3）同行业的行为。若同行其他企业都调整保值比例时，也应该适当的作出调整以应对市场的变化。

（4）管理者的风险偏好也是影响保值比例的重要因素。

【案例 5－4】

乙公司是一家铅矿企业，年产能 5 万吨。根据公司安排，每个月的销售计划为 4000 吨。随着欧债危机的全面爆发，公司认为铅价将长期走弱。于是，该企业决定在期货市场上做卖出保值，保值合约为主力合约，目标为当前的现货销售价 16500 元/吨。根据企业的经营目标以及对市场的预判，确定了保值比例（见表 5－2）。

表 5－2　　铅矿企业套保实例

期铅价格预测	7 月	8 月	9 月
	17500	16500	15500
价格区间	保值比例	保值比例	保值比例
14500～15500	0%	0%	10%
15500～16500	10%	20%	30%
16500～17000	20%	30%	40%
17000～17500	30%	40%	50%
17500～18000	50%	50%	50%

进入 9 月份，铅价连续下跌，此时乙公司根据现货的销售情况，逐步平掉空头头寸。到 9 月底套期保值操作中期货卖出均价在 16800 元/吨，平仓后的买入期货价均价为 15300 元/吨。而此期间，现货的销售均价约为

15000 元/吨。乙公司在现货市场的亏损是 1500 元/吨，但却在期货市场获得了 1500 元/吨的盈利。整体来看，算上保值比例，期货市场追回了现货市场的部分亏损。

该企业对铅价的判断是长期下跌，支撑位大致在 14500 元/吨一线。因此，在一定的均价预期下，保值比例会随着价格的上涨而增加。而同样的铅价随着均价预期的下滑，保值比率却会增加。并且，由于期货操作人员的经验尚不够丰富，该企业为了防范期货市场的风险而把保值比例控制在 50%以内。

【案例 5-5】

丙公司是南方的一家铅矿企业，年产能 5 万吨。铅价经过前期的一轮暴跌之后，该公司 2000 金属吨的铅矿库存发生了大幅的贬值。2011 年 10 月 18 日，铅价反弹至 14700 元/吨之上，丙公司的套保人员预计欧债危机仍有可能再度席卷金属市场，铅价或将继续进入下跌通道。于是，在 14700 元/吨时在主力合约做卖出保值。但是之后欧元区成员国领导人就解决债务危机达成了一揽子协议，市场对欧债问题的担忧情绪较之前有所放缓。保值操作人员认为铅价或将反弹，重心上移，走势将与之前的判断相左。于是在价格上涨 5% 至 15400 元/吨时，止损离场。

事实证明，之后铅价的运行重心确实上升。虽然这次保值并未能达到理想的效果，但企业通过止损，将损失降到了最低。如果企业的风险偏好较低，可以下调止损点，降低可能面临的损失。

五、铅冶炼企业如何利用套保锁定加工费稳定生产经营?

铅的冶炼企业采购的原料为铅精矿或者 2#铅，市场上比较常见的原料采购定价模式为：铅精矿价格 = 精炼铅现货均价 - 加工费，而销售的产品是铅锭。原料采购和产品销售都与铅价息息相关，铅价格的波动既影响其生产成本，也影响其销售价格。因此，铅的冶炼企业在套期保值操作中属于双向风险敞口，而矿企是单向风险敞口，这就导致了冶炼企业的套保操作模式和策略都与矿企存在差异。二者最大的区别也就在此（见表5－3）。

表5－3　　铅矿和铅冶炼企业的套保差异

	铅冶炼企业	铅矿企业
企业类型	双向敞口	单向敞口
面临的风险	原料价格上涨、产品价格下跌	产品价格下跌
套保策略	既有卖出保值又有买入保值	卖出保值
保值的目的	调频，锁定加工利润	弥补现货亏损
价格预测	依赖度低	依赖度高

冶炼企业由于原料采购和产品销售的定价方式和定价时间等不一致的原因，不仅面临产品销售价格下跌的风险，还面临原料采购价格上涨的风险。因此，为了规避价格风险，锁定固有的加工利润，冶炼企业既需要在购买原料的同时便在期货市场做卖出保值，又需要在销售产品的同时在期货市场做买入保值。

铅冶炼企业的保值思路非常简单：当企业采购原料确定定价时即在期货市场进行卖出保值，而当产品完成销售时即在期货市场买入平仓。但操作过程中需要注意以下几点：

（一）期现操作的数量相等，方向相反

即期货卖出保值的数量与该笔原料买入的数量相等，而每笔买入保值的数量都与产品卖出的数量相等。

（二）期货合约选择与现货定价期相对应

保值操作选择的合约应与该笔现货交易的定价期相对应，即期货操作选择与现货采购或销售时间相同或者相近的合约。如7月30日，企业约定以8月的月均价作为原料采购的价格，那么该笔保值操作可选择在9月合约进行。

（三）期现的定价方式相对应

期货市场上的买入或者卖出方式都应与现货的定价方式相对应。即，当现货采购或销售以均价或者点价定价时，期货头寸也以对应的均价或点价方式抛出或者买入。

（四）期现的计价期相对应

期货操作的期限应与该笔现货的计价期相对应。若原料采购的定价为本月2～7日上海有色网的均价，则该笔期货的操作也应该是在本月2～7日期间抛均价；若产品以当日的上海有色网均价销售，则对应的保值操作为于当日有色网报价时在期货市场买入。

（五）期现的定价市场相对应

这里所谓的定价市场主要是区分国内和国外的期货市场，一般来说，当现货交易是在国内市场进行的，则在上海期货交易所进行保值；而若是涉及进出口贸易的，则在伦敦金属交易所进行保值。

由于国内铅期货上市时间较短，国内的铅相关企业的定价基础基本还是现货市场价格。这主要包括长江现货价和上海有色网报价。并且，由于铅合约为大合约（25吨/手），目前市场的流动性较低，因此，保值主要选择主力合约。远月的也可先在主力合约保值，之后再通过移仓换月不断择机往后移。

【案例5－6】

A公司为江西省一家铅锭生产企业，年产能5万吨。7月B企业与A企业签订了一份采购合同，B向A购买3000吨的1#铅锭。定价模式为其中2000吨以8月均价作价，剩下1000吨以提货日现货价计价。为了完成这笔订单，A企业向供应商购买了3000吨（金属含量）的铅精矿作为生产原料，作价方式为上海有色网5日均价－加工费，计价期为7月11日—7月15日。

8月10、26日B向A各提货500吨，以当日上海有色网现货均价计价。

由于国内铅市场的流动性限制，A公司的保值全部选择在主力合约操作。

A公司的保值过程见表5－4。

表 5－4　　　　某铅锭生产企业套保流程

时间	现货交易			期货市场保值操作		
	操作方向	价格（元/吨）	数量（吨）	操作方向	价格（元/吨）	数量（吨）
7月11～15日	均价买入	16780	3000	均价卖出	17373	3000
8月	均价卖出	16330	2000	均价买入平仓	16629	2000
8月10日	现货价卖出	16000	500	买入平仓	16272	500
8月26日	现货价卖出	16325	500	买入平仓	16793	500
盈亏	－151.75（元/吨）			＋232.85（元/吨）		

按交易所两倍的手续费来计算，本次套保付出19200元手续费，整体依然盈利，规避了铅价下跌的风险，现货交易亏损151.75万元。期货市场的盈利除去弥补了现货亏损外的额外收益主要来源于基差收益。

什么是期货市场的均价买入和均价卖出？

所谓的均价卖出也即我们平时常听到的抛均价。即把需要按均价卖出的总合约数量平均分配到计价期内每个交易日中进行卖出，而每个交易日又把当日需要抛出的合约数量平均分配到各个交易时间段进行操作。更准确的是按每个时间段的交易量比重分配当日卖出的数量。而买入均价也即买均价，操作方式与抛均价相同，只是方向相反。

而在实际的操作过程中，对于操作合约相同、定价方式相同的买入和卖出保值可以进行直接对冲，只需要对净头寸进行保值操作。

【案例5－7】

仍然是上例中的A公司，8月10日刚好需要以当日现货价采购一批原料200吨，需要在期货市场上做卖出保值。从现货来看，当日A公司既要以当日的现货价买入原料又要以当日的现货价卖出产品，风险可视为已经对冲。所以当日的现货敞口只有300吨需要销售的铅锭，因此，保值操作时也实现了对冲，当日只在期货市场上进行300吨的买入操作。

对于低库存的冶炼企业来说，对原材料和产品的正常保值即可，在市场出现重大波动时，库存的贬值也会给企业的生产经营带来风险。因此，在市场出现持续下跌时，库存较重的企业应该考虑对库存做阶段性保值。这是属于非常规保值，保值过程与单向敞口企业有一共通之处，即需要加入企业对价格的预测。

【案例5－8】

2011年3月份，希腊、西班牙、葡萄牙、爱尔兰等国的主权评级连遭降级，导致融资形势再度紧张。之后，欧元区主权债务问题进一步恶化，希腊经济快速衰退、处于债务违约边缘，西班牙、意大利等国主权债务风险上升。铅价面临大幅下跌的风险，A公司当时正有1000吨未做卖出保值的铅锭库存。经公司保值小组研究认为，决定对库存进行阶段性保值操作。于是在6月底铅价16900元/吨时在期货市场抛出了40手铅主力合约，此时铅现货价格为16225元/吨。果不其然，铅价从7月底开始一路下跌，最低下探至14000元/吨以下。此时，A公司认为铅价继续下跌的空间有限，于是在15000元/吨时平仓出场。此时的铅现货价格已跌至14650元/吨。A公司的库存贬值了1575元/吨，但是期货上却获利了1900元/吨。此次阶段性保值成功。

六、铅加工企业如何进行套保操作？

铅加工企业保值的目的主要是希望能够确保企业的生产经营计划不受或少受原料价格及产品价格波动的影响，稳定赚取企业核心利润。

由于加工企业也属于双向敞口企业，且原料采购和产品销售之间都存在一定的生产周期，原料采购产品销售之间存在定价时间不同的风险。因此，加工企业保值的策略与冶炼企业也有共通之处（见图5－6）。

图5－6　铅冶炼企业与铅加工企业定价机制

国内铅加工行业主要是参考现货价格定价，保值思路也较为简单：采购铅锭定价时便在期货市场上抛出当月合约；销售产品时则在期货市场上买入（平仓）。利用期货市场的调频功能规避了原料采购与产品销售定价时间不同的风险。铅加工企业套期保值见图 5－7。

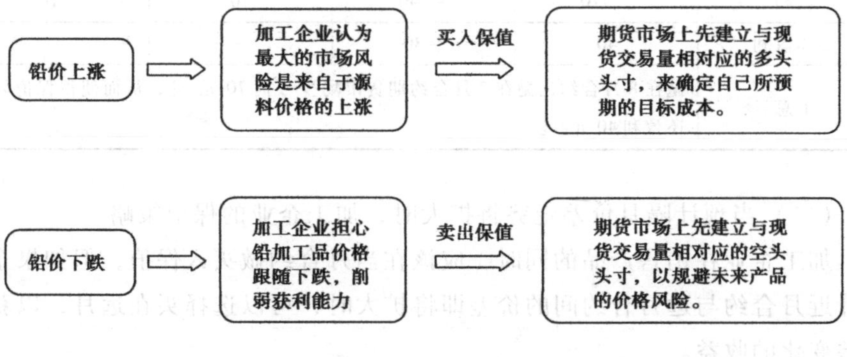

图 5－7　铅加工企业套期保值

我国的铅加工行业利润较薄，在冶炼厂和下游的挤压下，艰难生存。许多的加工企业参与期货市场套期保值除了稳定赚取核心利润之外，也希望能够在保证正常利润的情况下，有获得超额利润的可能。因此，在实际的保值过程中，可以结合对价差的判断对保值作出调整。

（一）当预计隔月价差走势将缩小时，加工企业的保值策略

加工企业在采购原料的同时，应该在当月合约做卖出保值，但如果企业预计近月合约与远月合约间的价差即将缩小时，可以选择抛在远月，以获得价差变化的收益。

【案例 5－9】

2012 年 6 月 27 日，某铅加工企业签订了一份铅锭采购合同，以当日的现货价计价。此时 1207 与 1208 合约之间价差为 100 元/吨左右，根据对后期的预计以及前期价差的走势总结，认为未来一段时间，价差将缩小，于是将卖出保值头寸建立在 8 月，而非 7 月。

表 5－5　　保值选择抛在 7 月和抛在 8 月的效果比较

	1208（元/吨）	1207（元/吨）	价差（元/吨）	现货（元/吨）
2012 年 6 月 27 日	14500 卖出	14400 卖出	100	14460 买入
2012 年 7 月 6 日	14970 买入平仓	14940 买入平仓	30	14970 卖出
盈利	－470	－540	70	510
整体盈利	40	－30	—	—
汇总	抛在 8 月合约比抛在 7 月合约期货市场少亏损 70 元/吨，从而使得保值效果还盈利 40 元/吨			

（二）当预计隔月价差走势将扩大时，加工企业的保值策略

加工企业在销售产品的同时，应该在当月合约做买入保值，但如果企业预计近月合约与远月合约间的价差即将扩大时，可以选择买在远月，以获得价差变化的收益。

由于铅加工行业在铅的下游消费中所占比例很小，不足 10%，且由于过去国内铅期货合约的缺失，国内铅加工企业参与套期保值的比例也较少。而对于已经参与套期保值的企业，由于铅合约流动性的制约，实际操作过程中也缺乏一定的灵活性。

七、铅国内贸易企业如何进行套期保值操作？

根据原料和产品与铅价的相关程度可以发现贸易企业也属于双向敞口企业。这些企业希望赚取的核心利润是稳定的贸易价差，面临的主要风险是在采购和销售过程中定价时间以及定价方式不一致所产生的额外风险或收益。因此，贸易企业通常会在购销一方价格确定后利用期货来锁定另外一方的价格水平，以此来确保贸易差价。具体来说，这些贸易企业既担心采购成本上升，又担心商品销售价格下跌，更担心这两种局面同时出现，因此，针对这两个敞口，贸易企业可以在买入货物时在期货上抛出，在卖出货物时将期货头寸买回平仓，这样便把绝对价格风险转化为了价差风险。

由于期货市场的存在，利用套期保值来规避绝对价格风险的贸易企业转变了传统的赚取核心利润的方式。从过去的赚取买卖价差转变成了赚取期现

价差。而对于贸易企业来说，掌握价差走势比掌握绝对价格走势要容易得多，这就意味着企业利用套期保值降低了贸易过程中面临的价格波动风险。贸易企业套期保值见图 5-8。

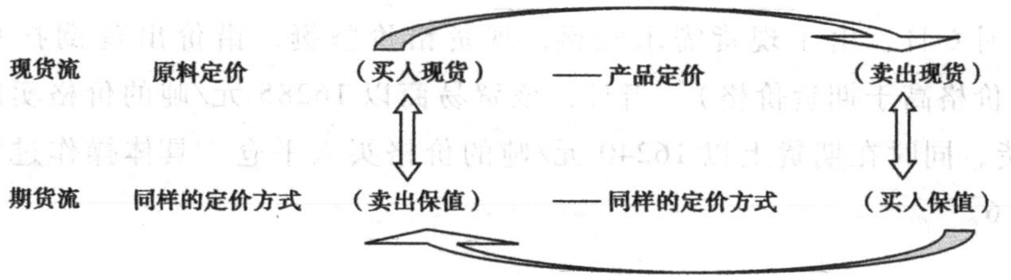

图 5-8 贸易企业套期保值

目前，铅的现货买入价格的确定都是按照：冶炼厂报价—贸易商认同—贸易商接货，这样的流程来确定，同样，卖出时也是按照贸易商报价—下游认同—下游接货的流程进行。具体来看：

（1）现货流程。冶炼厂报卖价—贸易商认可价位—贸易商接货—贸易商报卖价—下游消费商认可价位—消费商接货

（2）定价方式。多为参照上海有色网现货价及 SHFE 期货价直接定价

（3）风险点。采购和销售之间定价方式和定价时间不同的风险，基差变化风险等。

（4）保值操作。采用综合保值的方法，在结合价格走势和升贴水变化预期的基础上买入精炼铅，同时在 SHFE 市场抛出。当价格达到合适的利润空间，卖出货物，同时在 SHFE 市场买入平仓，完成销售阶段的套期保值。

（一）预计现货升贴水即将扩大时的保值操作

当预计现货贴升水即将扩大时，贸易企业应该在现货市场买入现货，同时在期货市场卖出相同数量的铅期货合约。当现货贴水达到目标水平时，即在现货市场卖出铅锭，同时在期货市场买入平仓。

【案例 5-10】

2011 年 8 月 31 日，上海有色网 1#铅报均价报 16500 元/吨，而此时 SHFE 铅价在 16790 元左右，现货升贴水在 -290 元/吨的水平。随着铅价的

下跌，冶炼厂惜售，现货价格将表现的较为滞跌，所以某贸易企业预计铅的现货升贴水即将缩窄。于是，当日向冶炼厂以16490元/吨购入一批铅锭500吨。同时，按16800元/吨的价格在期货市场抛出20手PB1111合约。

9月6日，由于现货需求旺盛，现货铅价坚挺，铅价出现倒挂现象（现货价格高于期货价格）。当日，该贸易商以16285元/吨的价格卖出这批现货，同时在期货上以16240元/吨的价格买入平仓。具体操作过程见表5－6。

表5－6　　某贸易企业套保操作

	现货操作	期货操作	基差
2011年8月31日	买入16490元/吨	卖出PB1111 16800元/吨	－310元/吨
2011年9月6日	卖出16285元/吨	买入PB1111 16240元/吨	+45元/吨
盈亏	－205元/吨	+560元/吨	355元/吨
总盈亏	355元/吨		

在这个过程中，贸易商关注的焦点是升贴水的变化。若贸易企业以现货升水价格购入货物，就必须要到升水更高时出货才有利可图，否则，这一单生意就是亏损的，贴水时的道理也是一样，只有等贴水收窄出货才有钱赚。在等待机会的过程中持仓成本和货物存放成本都是企业需要考虑的。

（二）预计现货升贴水即将缩小时的保值操作

在预计现货升贴水即将缩小、即将缩窄时，贸易企业应该卖出已有的库存卖出，同时在期货市场买入相同数量的铅期货合约（或者平掉之前的空头头寸）。而当现货贴水达到目标水平时，即在现货市场买入现货，同时在期货市场平仓（或卖出铅期货合约）。

八、什么是基差？基差变化如何影响涉铅企业的套期保值？

基差原本是指某一特定商品在某一特定时间和地点的现货价格与该

商品在期货市场的期货价格之差，也即升贴水。按照这一定义，基差所指的现货商品等级应该与期货合约规定的等级相同，并且期货价格通常是最近交割月的期货价格。但在实际操作中这样完全统一的情况很难实现，这就需要我们根据不同的市场发展情况、期货合约价差结构来调整保值方案。

基差可以用来表示市场所处的状态，由于期货价格中必须包含持仓费用（为拥有或保留某种商品而支付的仓储费、保险费和利息等费用总和），期货价格高于现货价格（或由此产生的远月合约价格高于近月合约价格）的格局应为正常的市场结构，此时基差为负值，这种市场状态称为正向市场（Normal Market）。但当出现如下两种情况时，市场结构将发生转变：一是近期对某种商品的需求非常迫切，远大于近期产量及库存量，现货价格涨幅更大，或近月合约价格较远月合约价格涨幅更大；二是预计将来该商品的供给会大幅度增加，导致期货价格降幅更大，低于现货价格，或远月合约价格较近月合约跌幅更大，这两种情况都将导致基差为正，出现反向市场状态（Inverted Market）。这种现货溢价（Backwardation）并非意味着持有现货没有持仓费的支出，只不过在反向市场上，由于市场对现货及近期月份合约需求迫切，购买者愿意支付一定溢价来持有现货而已。在合约价格关系上，也并不是表现为近月合约涨远月合约跌，而是近月合约上涨步伐快于远月合约而已（见图5－9）。

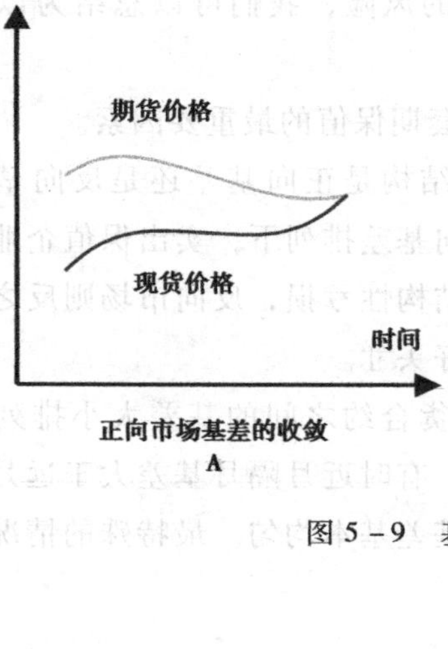

图5－9 基差示意图

基差保值本质就是将企业面临的价格波动风险转化为基差风险，通过寻找基差变化或者预计基差变化方向来保值，它对双向敞口的企业尤为重要。随着基差的不断变动，其保值效果基本概括见表5－7。

表5－7　　基差变化对套保效果的影响

基差变化情况	套期保值种类	套期保值效果
基差不变	卖出套期保值	两个市场盈亏完全相抵，套期保值者得到完全保护
	买入套期保值	两个市场盈亏完全相抵，套期保值者得到完全保护
基差走强（包括正向市场走强反向市场走强、正向市场转为反向市场）	卖出套期保值	套期保值者得到完全保护，并且存在净盈利
	买入套期保值	套期保值者不能得到完全保护，存在净亏损
基差走弱（包括正向市场走弱、反向市场走弱、反向市场转为正向市场）	卖出套期保值	套期保值者不能得到完全保护，存在净亏损
	买入套期保值	套期保值者得到完全保护，并且存在净盈利

而运用基差进行保值过程中产生的风险，我们可以总结为以下三个方面：

（1）基差变化——这是影响基差套期保值的最重要因素。

（2）基差性质——即是目前市场结构是正向基差还是反向基差。基差性质决定保值本身功能完备性：在正向基差排列下，卖出保值企业在移仓过程中有结构性盈利，买入保值企业有结构性亏损，反向市场则反之，这就需要企业根据市场发展的预期提前管理好头寸。

（3）基差分布——是指各隔月期货合约之间的基差大小排列。在不同的时期隔月合约之间的基差大小不一，有时近月隔月基差大于远月，有时则相反，当然也有某些时期隔月合约间基差基本均匀。最特殊的情况是在某一时段为正基差，某一时间段为负基差。

【案例 5－11】

2011 年 8 月份某铅加工厂购入 1#铅锭 1000 吨，成本平均价为 16400 元/吨。根据合同，两个月后该厂将向客户提供一批铅材。为了避免铅材价格下跌，减少收益，该厂决定卖出保值，当即在期货市场上以 17000 元/吨的期货价卖出 10 月份期铜合约 1000 吨。

表 5－8　某铅加工厂套期保值过程

	现货市场	期货市场	基差
8 月份	买入 1000 吨铅锭，价格 16400 元/吨	卖出 1000 吨 10 月期铜，价格 17000 元/吨	－600 元/吨
10 月份	铅锭价格下跌至 14800 元/吨，铅材价格也相应下跌	买入 1000 吨 10 月铅合约平仓，价格 15100 元/吨	－300 元/吨
保值结果	亏损 1600 元/吨	盈利 1900 元/吨	基差扩大 300 元/吨
净盈利 1000 × 1900 － 1000 × 1600 = 300000（元）			

九、进出口贸易企业如何进行套期保值操作?

在大宗商品价格剧烈波动的今天，铅进出口贸易企业如果不加强价格的风险管理，那就等于将企业的命运交给市场，完全不掌握在自己手里了。2008 年的金融危机导致铅价格骤跌，许多没有参与保值的企业承担不了这种价格的急剧波动从此在市场上消失。

铅被认为是资源性产品，铅及铅合金的出口退税率在中国加入世界贸易组织以后逐年下降。目前对精铅征收 10% 的出口关税，铅片、带及厚度≤0.2mm 的箔（铅箔衬背厚度不受 0.2mm 限制）和铅及铅合金条、杆、丝、型材、异型材都列入禁止加工贸易目录，禁止出口。因此，我国的铅及铅合金等出口急剧缩小。

目前，我国对精炼铅征收 3% 的进口关税和 10% 的出口关税。我国精炼铅的进出口量都较小，国内铅进口逐年下滑，我国一度曾成为净出口国。但是，作为重要的资源品，我国仍然是铅精矿的净进口国（见图5-10）。

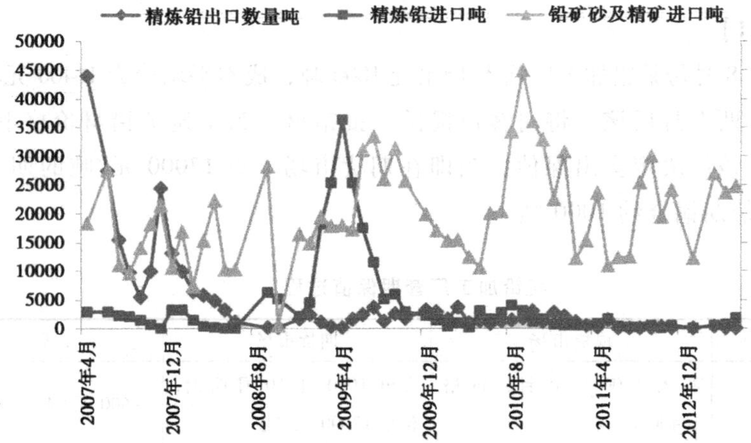

图5-10　铅及铅精矿进出口概况

数据来源：WIND、金瑞期货。

进出口贸易公司传统的套期保值操作主要是结合进出口业务，在国际国内两个市场进行保值。在国外点价进口的同时在LME期货市场做卖出保值，等货物报关进口至国内时，平掉LME的空头头寸，将保值移至国内市场，即同时抛出等量的沪铅。待进口铅或者铅精矿完成销售时平国内头寸，保值完成。但在实际的操作过程中，进出口贸易公司的保值基本都是结合内外盘的比价来操作的。

进出口贸易公司套期保值流程见图5-11。

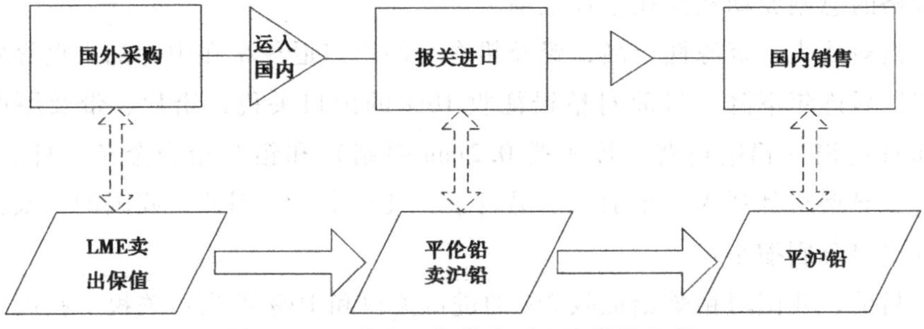

图5-11　进出口贸易公司套期保值流程

十、什么是铅的内外盘比价?

铅的内外盘比价指的是国内和国外两个市场之间铅价的比值。根据采用的价格不同,可分为铅现货比价、期货比价和进口比价。

铅现货比价 = 国内铅现货价/LME 铅现货价

国内市场现货商主要参考的现货价有上海有色网现货价、长江现货价和南储报价,而:

LME 铅现货价 = LME 三月铅价 + 现货升贴水

铅期货比价 = 国外铅期货价格/国外铅期货价格

这里的国内市场即是上海期货交易所(SHFE)上市的沪铅合约,而国外的是伦敦金属交易所(LME)伦铅合约。因此,铅期货比价 = 沪铅价格/伦铅价格。为了体现价格的可比性,应该选择相同月份的合约。

铅进口比价 = 铅的进口成本/LME 现货铅价,铅进口比价中的关键在计算铅的进口成本。

铅的进口成本 = (LME 三月铅价 + 现货升贴水 + CIF 到岸升水) × 汇率 × (1 + 关税税率) × (1 + 增值税税率) × (1 + 开证费率 + 商检费率) + 信用证融资利息 + 港杂费 + 短驳费 + 入库费 + 仓储费

随着影响因素的变动,进口比值也会有所波动,但在一定的时期内进口比值基本保持在一定的区间内。

铅的出口比价 = 国内现货价格/[现货铅价 × (1 + 出口关税税率) + 港杂费 + 运费]/汇率,其中,现货铅价 × (1 + 出口关税税率) + 港杂费 + 运费,即为出口成本

当铅的现货比价偏离进出口比价时,投资者的逐利心理将导致进出口的变化,从而导致内外盘比价的回归。

例如,当铅的现货比价 > 进口比价时,国内铅现货价/LME 铅现货价 > 铅的进口成本/LME 现货铅价,国内铅现货价 > 铅的进口成本,那么,逐利行为将导致国内的铅进口增加,从而增加了国内铅的供应,进而导致国内铅价下滑,现货比价下降直至铅进口不盈利,比价回归至(进口比价,出口比价)区间。

若现货比价小于出口比价时，说明出口成本要小于国外的价格，市场将加大出口力度，国内供给减少，国外供给增加，导致国内价格走势将弱于国外，现货比价将上升直至回归至（进口比价，出口比价）区间，企业停止出口。

但比价回归的过程需要多少时间基本是和宏观经济环境以及铅的基本面息息相关的，每一次的回归所需要的时间也都不同。因此，现实中比价经常会较长时间处于某一区间，投资者也可以通过观察比价在该区间的波动规律来套利获利。

由于期货价格与现货价格具有基本相同的走势，现货价格的变化将影响期货价格的变化，而期货价格的变化也将反向作用于现货价格，因此，现货比价的变化也将影响期货比价的波动，二者的走势基本同向。

十一、铅内外比价的变化对进出口贸易企业套期保值有何影响?

进出口贸易企业发现在传统的保值之后依然出现亏损却找不到原因，这主要是受内外盘比价波动的影响。在铅进口保值的时候建议使用套利的思路去做，时刻关注伦敦价格与国内期货市场价格的关系，避免比价的变化带来的损失。所以，铅进出口企业应该清楚地了解内外盘比价对保值的影响。

首先我们来看铅进出口企业现货的操作流程（见表 5－12）。

交易的参与者　A：进口企业；B：国内客户；C：国外供应商

进口企业 A 从国外供应商 C 处购买以美元作价的铅或者铅精矿，付款方式采取 6 个月的远期信用证，开证后获得货物单据。

(1) 将该批货物报关进口以人民作价的形式销售给国内客户 B，立即获得人民资金使用。

(2) 信用证到期，可用销售收入购汇归还远期信用证款项。

在这个过程中，由于涉及两个市场的价格，且进口存在额外的成本，所以，内外盘的比价将影响企业最终的保值效益。当比价较高时，传统的保值有可能产生额外的收益，反之则可能产生额外的亏损。

因此，为了减少比价风险，企业在铅或者铅精矿进口保值的时候一定要

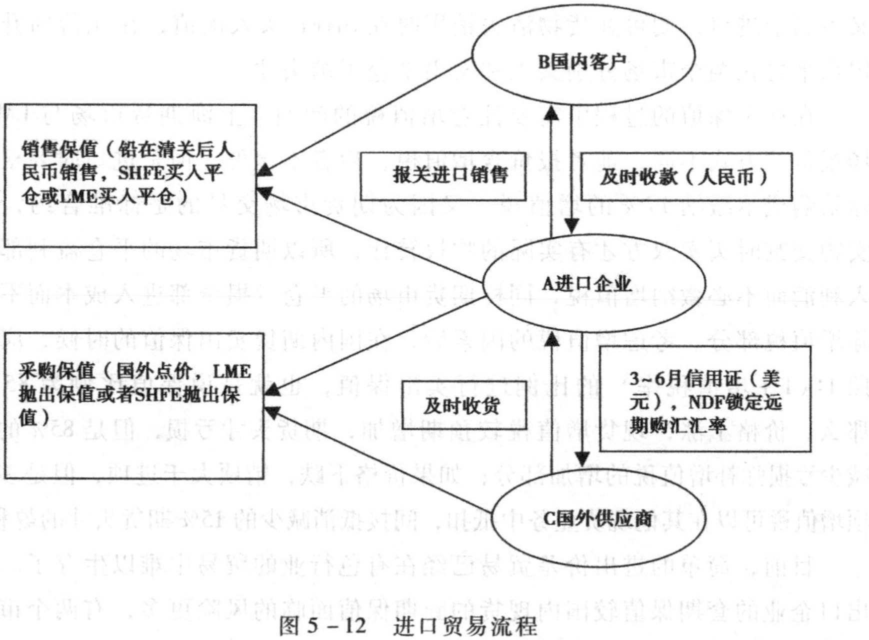

图 5－12 进口贸易流程

用套利的思路去做，时刻关注伦敦价格与国内期货市场价格的关系，避免比价的变化带来的损失。

结合一般公司经营方式我们觉得与套利套保和融资结合的进口贸易方式比较适合，下边详细介绍该操作方式。

按照国际贸易的惯例，按批次每批货物都有一个点价期限，在供应商收到买家的保证金或者信用证之后买家就可以开始点价，同时也会给一个点价的最后日期。海运时间一般较长，而且货物到港口后清关程序也需要时间。所以我们如果等货物清关后在销售的时候再点价的话，就根本无法控制自己的成本和收益，只能被动的接受当时国内外价格的情况，而且点价期也有限制，通常的做法是我们选择在比价有利于进口的时候在供应商处点价，同时在上海期货交易所做卖出保值，货到港清关后销售时在上海期货交易所买入保值平仓即可。做这个套保的时候还要关注国内期货价格与现货的价差，这个价差的变化也会影响最终的盈亏。如果在点价期内比价一直不理想，供应商处又不能延期，我们可以在供应商处点价，同时在 LME 抛出保值，在比价合适的时候再销售货物，LME 买入平仓。如果急于资金回笼，但是比价又不利于进口，则可在货物清关销售时在 SHFE 买入保值，在比价回升到期望水平再在两个市场分别买入和卖出平仓了结头寸。

在这个保值的过程中需要注意增值税的问题。上海期货市场与 LME 市场报价的方式不同，前者报价含增值税，后者不含税，但是进口时要根据实际采购成本缴纳 17% 的增值税。又因为期货市场交易的是标准合约，涉及实物交割时买卖双方才有实际的物权转让，所以期货市场的平仓盈利部分进入利润而不必缴纳增值税，同样期货市场的平仓亏损全部进入成本而不能扣除增值税部分。考虑增值税的因素后，在国内期货卖出保值的时候，应该按照 1:（1 + 增值税率）的比例进行卖出保值，也就是说保值比例为 85%①。那么，价格上涨，现货增值税较预期增加，期货头寸亏损，但是 85% 的头寸减少亏损弥补增值税的增加部分；如果价格下跌，销项大于进项，但是多的进项增值税可以在其他现货业务中抵扣，间接抵消减少的 15% 期货头寸的盈利。

目前，简单的进出价差贸易已经在有色行业的贸易中难以生存了。而进出口企业的套期保值较国内现货的套期保值面临的风险更多，有两个市场价格风险，国内市场的基差风险，还有期间汇率风险（这点我们将在第六章套利交易方法中做具体介绍）。然而，这种复杂多变的交易也能给我们创造更多的盈利机会。所以，这就要求操作者随时保持清醒的头脑，理清期货现货各个价格之间的关系，捕捉良好的内外比价，把握国内市场月间基差的变动，国内外财务成本的差异以及外汇市场的趋势，利用市场多样的金融工具，实现进口贸易的保值与增值。

十二、蓄电池企业如何利用套期保值规避铅价上涨的风险？

蓄电池生产企业是最主要的精炼铅消费部门，这种企业最重要的特征是生产成本随着铅价的走势而出现正相关波动，而产品铅酸蓄电池的价格却与铅价的相关性不大，因此，生产原料精炼铅购入的成本高低是决定企业利润

① 85% = 1/（1 + 17%）

的重要因素。蓄电池生产企业参与套期保值最重要的目的就是尽量将原料采购成本锁定在最低位置，即使做不到这一点，也要求通过套期保值使得精炼铅价格上涨幅度是企业能够接受的。企业的产品售价要视下游的消费情况而定，并且调价时间不定，蓄电池价格并不会紧随铅价的波动而变动。尽管企业有很强的定价决定权，但很难做到蓄电池价格的波动大于或者等于铅成本的波动幅度。因此，可以认为蓄电池的售价在终端需求未出现明显变化的一定时期内，蓄电池售价基本保持稳定。但是，企业的原料采购价格受其定价模式影响将跟随市场价格的变动而变动。因此，当铅价出现连续上涨时，蓄电池企业的利润也将受到侵蚀。可见，蓄电池企业属于上游敞口下游闭口的单边敞口企业。所以，必须采取合适的保值策略解决由于原料采购和产品销售的定价模式不同带来的价格风险。

蓄电池企业的原材料采购无论是长单还是现货采购，只要生产所需的原料价格尚未确定，企业的平均成本都将处于市场的波动之中。当铅价上涨时，蓄电池的生产成本也随之上涨。因此，企业面临的最大风险是铅价上涨的风险。

（一）保值策略

相比冶炼厂、贸易企业关注的相对价格，蓄电池企业的套期保值是对绝对价格的保值，该类企业最基本的保值模式为通过期货市场进行买入保值，以避免铅价上涨所带来的损失。因此，该类企业的套期保值需要建立在对铅价走势预判的基础上，价格预测是无法绕开的话题。当判断价格处于低位时，果断地提前买入，及时锁定铅的采购价格。当现货实现采购时即平仓了结。

然而，保值决策虽然考虑了行情的因素，但更多的仍然是一种战略性的决策，而不是单纯的行情判断。企业在进入期货市场操作之前，先要重新审视自己的经营状况，结合自身的需求参与期货市场。

蓄电池企业制定保值策略时可以按照以下几个步骤进行：确定保值目标、分析价格预期、制定保值模式。

由于蓄电池企业买入保值和投机的区别主要来自于企业的决策是否以企业的现货采购需求为依据。因此，企业从保值目标的确立到保值模式的确定都应该以企业自身的现货采购需求紧密结合。

（二）保值目标的确定

对于铅酸蓄电池企业来说，要进行套期保值最重要的是保值目标的确定，但如何确定保值目标对这类企业来讲是一个非常头疼的问题。蓄电池生产企业生产出的蓄电池价格由市场决定，倒推后可以测算出蓄电池企业采购精炼铅的成本，但具体的保值价位很难去确定。

综合来见，蓄电池企业确定保值目标可以基于以下几个方面：

1. 企业成长性的要求，根据利润目标倒推价格目标。为了保持一个稳定的增长，蓄电池企业都会设定一些利润增长目标以及产量增长目标，根据这些目标倒推采购铅价区间，从而得到基本价格目标。

2. 企业的风险承受能力以及管理者的风险偏好。不同企业的风险承受能力不同，在同样的承受能力下管理者的风险偏好也不一样，在保值目标设定过程中还应该根据企业的风险承受能力以及管理者愿意承担的风险度测算出必须保证的价格区间，作为最低保值目标。

3. 根据对价格趋势判断和均价的预期制定一个参考标准。在制定套期保值的目标时，我们不可能脱离市场的预期盲目制定利润目标，这样即使利润目标制定出来，市场没有给出这样的价格也无法实现。因此，要寻求预期和现实的平衡，对价格走势和均价价位的预测就显得非常重要。

4. 融资以及监管层的要求或者需要。融资及监管层的需求也是非常重要的保值目标参考，尤其是监管层的要求，这是中国企业在制定目标时必须考虑的因素。

作为企业保值决策者应该综合考虑上面的几个因素，给出一个相对合理的保值目标区间。当铅价运行至目标区间之下，企业预计后期价格会上涨时，则可以考虑提前买入原料，锁定成本价格，确保企业利润。当然，随着企业经营变化以及行情波动这个区间可以调整。

（三）保值流程

1. 确定套保的需求及分布。根据蓄电池企业的生产经营计划和铅锭采购安排确定套期保值的需求和每个月的分布情况。铅的套保需求 = 电池计划生产量 × 单位电池铅平均消耗量。月度的套期保值需求则结合电池产量分布的季节性因素，并根据对未来一年市场的具体分析进行调整。由于蓄电池的销售旺季一般在一季度和三季度，那么铅锭采购的季节应该分布在此之前，保值分布应该重点分布于销售旺季之前。

虽然如此，但实际的需求量很可能与最初规划的套期保值需求存在不一致。在具体的套期保值操作的过程中，企业应该根据最新发生的实际情况对当年剩下时间内的月度套期保值需求量进行调整并根据最新的调整数据进行套期保值操作。

(1) 入市时机的选择。这是建立在对铅价预判的基础上进行。简单来说，可以参考以下几点要素来判断。

①基于宏观大环境的价格趋势分析。美国次贷危机之后，宏观和金融因素对大宗商品价格的影响越来越大。铅的金融化特点越来越明显。在分析铅价时需要对宏观大环境给予更多的关注。蓄电池企业进行以套期保值为目的的价格分析时，主要工作包括两个方面：对全年价格走势的预测；实际运行过程中的实时跟踪，在实际操作过程这部分占据主要地位。

②使用价格的季节性进行佐证。在选择套期保值操作时点的时候，还应该加强对于价格走势的季节性因素的把握。季节性因素的存在使得年初的套期保值规划变得更加必要。在预测当年铅价走势将较为强劲时，企业应该选择相对低点建立针对铅采购的套期保值头寸。而年初和年终的价格低点无疑是一个很好的机会。然而，这种相对时间的选择并不是唯一的标准。企业应该以对当年行情走势的预测为主，而以价格的季节性因素为辅（见图5－13）。

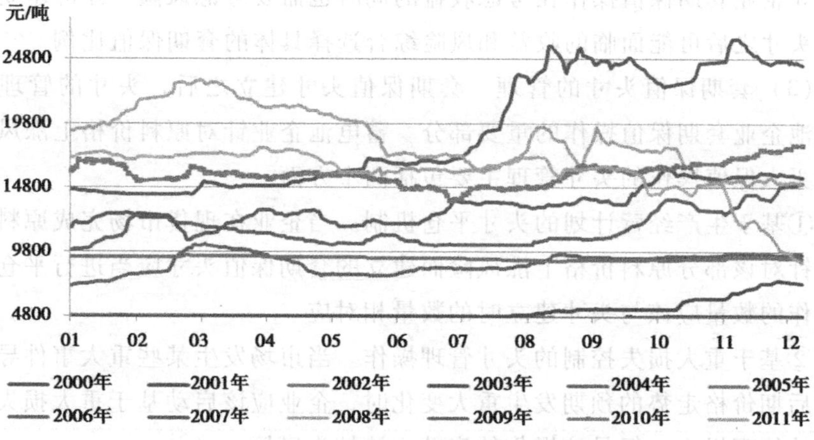

图5－13 国内现货铅价分布

数据来源：WIND、金瑞期货。

③利用价格指标对入市时机进行把握。基于宏观环境的价格趋势分析以

及季节性因素的分析使得企业能够对价格走势有一个大致的把握并确定具体的入市操作。在实际操作的过程中，企业还可以利用价格指标为日常的套期保值操作提供指引。如此操作的目的是为了保持日常套期保值操作时的客观性。指标的选择应该结合实际操作人员的实际情况，选择自身较为熟悉而且经常使用的价格指标。

（2）套期保值比例的确定。在套期保值操作过程中，套期保值比例的确定和企业的现货采购数量一起决定了企业套期保值操作的数量。而这也直接决定了企业的套期保值效果。因此，套期保值比例的确定一直受到企业和研究机构的关注。

蓄电池企业买入保值比例确定的原则：

①根据实际情况进行调整。企业在具体的保值过程中应该结合企业的保值目标，根据价格的变化、企业订单情况的变化等因素对保值比例进行相应的调整。

②考虑企业对后期价格的预期。当预计铅价上涨空间较大时，保值比例应该相应提高。当预计后期铅价上涨空间有限或具有下行空间时，保值比例应该逐步缩小。

③企业套期保值操作在考虑收益的同时也需要考虑风险。分析建立套期保值头寸之后可能面临的收益和风险综合选择具体的套期保值比例。

（3）套期保值头寸的管理。套期保值头寸建立之后，头寸的管理成为蓄电池企业套期保值操作的重要部分。蓄电池企业针对原料价格上涨风险进行的买入保值操作的头寸管理主要包括两个方面：

①基于生产经营计划的头寸平仓机制。当企业在现货市场完成原料采购时，针对该部分原料价格上涨风险而建立的套期保值头寸应当进行平仓。平仓操作的数量应该与头寸建立时的数量相对应。

②基于重大损失控制的头寸管理操作。当市场发生某些重大事件导致企业对后期价格走势的预期发生重大变化时，企业应该启动基于重大损失控制的头寸管理操作，但是该操作的启动应该较为谨慎。

【案例5-12——蓄电池企业的买入保值策略】

2011年，华东地区某大型蓄电池生产企业希望通过期货市场套期保值来防范生产成本快速上涨的风险。具体操作模式如下：

该蓄电池企业主要采购铅锭，定价方式分为长单和短单，计价方式分别为：

长单铅锭采购价 = 上海金属网的现货价格的月度均价

短单铅锭采购价为每日向贸易商或冶炼厂询价

销售的产成品为铅酸蓄电池，该公司虽然能够自主决定销售价格，但却受制于下游的消费情况只有部分的定价权。

通过分析，该企业主要面临的风险点是：当采购铅锭价格上涨而铅酸蓄电池价格不变或者涨幅小于铅锭价格涨幅时，公司面临原材料成本上升，利润被侵蚀的风险。这个风险主要是来自于铅锭采购价格和铅酸蓄电池销售价格之间的不同步变动。由于目前市场上对铅锭的价格中长期看涨，所以该公司面临的这个风险具有长期性和确定性。

根据企业的经营目标，倒推计算得铅价的采购成本应该控制在 15700 元/吨以下，同时结合对 2011 年铅价行情的预测，认为铅价很可能受中国需求旺盛、流动性过剩以及美元疲软等原因而持续上涨。于是，企业制定最低保值目标为（15200，16000）。在此区间或以下时，提前进行买入保值，保值需求分布根据每月计划产量决定，入场时机根据交易员对价格指标的分析和行情预测决定。而当现货完成采购时，期货平仓了结。

结合对铅价的预判以及企业的风险承受能力，公司制定如下保值比例规定（见表 5－8）。

表 5－8　　某蓄电池企业套保比例

保值建议（价格单位：元/吨）				
		Q2E	Q3E	Q4E
3 月期铅价格预测		16000	16500	17000
保值比例	价格区间	比例	比例	比例
	16500～17500	10%	—	—
	16000～16500	30%	20%	20%
	15500～16000	40%	40%	40%
	15000～15500	50%	50%	50%

原则上，买入保值建立的多头头寸应该在现货采购时及时平仓，但如果市场在平仓前出现明显的单边上涨或者下跌行情时，也可适当推迟或者提前了结头寸。

如果铅价一直不能达到买入价格而维持高位运行，并预期将继续上涨且很可能会超过企业的盈亏平衡点时，公司应该果断在期货市场进行买入保值，以降低企业的损失。

若实际采购结算基准价+（期货平仓盈亏+浮动盈亏）/采购量≤上海期货交易所结算价算术平均（按自然月计算），则企业达到预期效果。

十三、涉铅企业如何利用套期保值规避库存贬值的风险？

库存保值在涉铅企业的套期保值操作中也占据极其重要的地位。一方面，无论是产业链的生产消费企业，还是产业链的贸易加工企业，几乎所有的涉铅企业都会遇到库存保值的问题；另一方面，库存保值的难度和复杂性在企业的套期保值操作中显得非常特殊，不同类型的企业针对不同类型的库存所采取的保值方式会截然不同，同一类型企业的相同类型的库存的保值也会存在较大差异。

（一）库存的分类

对企业库存保值首先应该区分库存的类别，应该针对不同的库存类别分别选择保值方式，从我们对企业的了解，企业库存可以分为以下几类：

1. 正常的流转库存。这是指企业从采购原料到产品销售正常的经营周期中产生的库存，包括在途原料、在制品、待销售产品等多种状态。

2. 为了季节性需要进行的备库。这是指基于行业季节性的需要，某些企业必须在某个时段大规模的囤积原料或者产品，空调行业以及其产业链下的铜管加工行业就是非常典型的这种类型。

3. 基于价格预期的主动备库。这是指企业预期价格会大幅上升或者认为目前原料价格在自己理想的成本区间以下时所进行的主动备库。

4. 由于生产、经营出现问题而产生的大规模库存积压。当企业由于外在问题出现生产、运输中断，或者产品滞销等问题时，有可能产生大规模的库存积压。

5. 常备库存。这是指企业为了维持正常的生产和经营必须长期保持的一个基本库存。

（二）一般库存的保值思路

由于库存性质和产生原因不一样，保值出发点也就有所区别，这决定了对不同类别的库存保值方式和方法也不一样，下面我们重点针对正常流转库存和季节性备库谈一下套期保值的思路。

1. 正常流转库存的保值模式。这部分库存按照企业的现货流，从原料定价开始卖出保值，产品销售后买入平仓即可，在操作过程之中需要重点关注市场基差的变化。

2. 季节性备库的保值。对于这类保值由于库存产生是基于生产经营需要而被动产生，对其保值会面临几个问题：

（1）持续时间通常都比较长，基本都涉及跨月，一旦市场出现反向基差结构，卖出保值会有结构性损失。

（2）如果选择保值，企业面临的资金压力会很大，因为一方面企业本身需要在现货部分付出超过正常月份的资金来建立库存，还必须面临拿出10%的资金用作期货保证金，同时一旦保值方向错误，还需要追加保证金，几方面的压力对于企业来讲可能会是无法承受的。

3. 库存量通常会很大，价格波动会给企业带来很大的风险。因此，对于这类库存企业不能不保，又不能盲目全保，对企业来讲会很难抉择。针对这类库存，企业的保值策略需要注意两个问题：一是选择合适的保值比例；二是结合市场的结构来进行保值，即当期现价差结构有利于保值时加大比例保值，否则降低保值比例。

（三）库存套期保值案例分析

以上介绍了针对不同类型的库存进行套期保值的思路，其根本目的在于降低企业库存成本及多项企业库存风险。事实上，通过期货市场进行库存管理不仅能够降低库存成本及防范库存贬值风险，而且通过期货市场进行库存管理，库存受市场价格的约束减弱，并且在一定条件下可以在现货库存与期货库存之间进行灵活转换，进而有效地提高存货管理水平。

案例5－8的分析也适用于库存套期保值案例。

十四、影响套期保值效果的主要因素有哪些？

从理论上来说，不考虑期货交易的手续费以及其他交易杂费的情况下，套期保值将使企业在期货市场上盈利时，现货市场就必然是亏损，并且期货上的盈利刚好等于现货的亏损。但在实际操作过程中，事实并非如此。因为套期保值的理论是建立在许多的假设基础上的，比如基差不变，税收以及交易费用不做考虑等。然而，这些假设条件在实际操作中并不存在，许多因素都会影响到套期保值的最终效果。

（一）基差影响套期保值的最终效果

我们先来看一个案例，甲公司完全按照正确的套期保值策略操作的，操作人员也并未发生任何失误，那么为什么期货的盈利并未能弥补现货的亏损呢？

【案例 5－13】

2011 年 9 月 16 日，甲公司按当日现货价采购了 300 吨铅精矿，在期货市场抛了 12 手铅合约。并与乙公司约定 14 日后将于当日现货价将生产出的本批次铅锭完全销售给乙公司。具体情况见表 5－9。

表 5－9　　基差对套期保值的影响

	现货（元/吨）	期货（元/吨）	基差（元/吨）
2011 年 9 月 16 日	16125	16400	－275
2011 年 9 月 30 日	14250	14850	－600
收益	－1875	＋1550	－325

细心的读者会发现，这个案例的亏损是因为基差发生了变化。原始的套期保值理论中，期现之间能够实现完全的对冲是建立在基差不变的假设基础上的。但事实上，基差是随时都在变化的，基差不变的概率往往很小。虽然通过对基差结构变化的把握可以让我们减少基差的损失，或者获得更多额外的基差收益，但套期保值是无法完全规避基差风险的，基差风险是套期保值

面临的最主要的风险。

（二）增值税影响套期保值效果

在套期保值过程中其实是涉及期货和现货两个市场。我们都知道，现货如果盈利我们都是要缴增值税的，但是期货上的盈利是不缴增值税的，只缴所得税。因此，增值税的存在将影响到企业保值的最终结果。

【案例5-14】

丙公司是南方某大型铅锌冶炼厂，电解铅年产能为10万吨。2011年5月公司以自然月均价采购了一批铅精矿，并在期货市场均价卖出套保。但之后，铅价一路上扬，7月该批原料生产的铅锭以自然月均价卖给丁公司，同时在期货市场平掉前期空头头寸。整个保值操作见表5-10。

表5-10　　增值税对套期保值的影响

	现货（元/吨）	期货（元/吨）
2011年5月	16107（买入）	16787（卖出）
2011年6月	16822（平仓）	17502（平仓）
盈亏	715	-715
增值税（17%）	-121.55	0
最终盈亏	593.45	-715

从表5-10我们可以看出，若现货市场盈利，期货市场亏损时，现货市场将因为要上缴增值税而被摊薄盈利，影响这个套期保值的效果。但是，若盈利是出现在期货市场，则保值的效果就不会受增值税的影响。

（三）其他因素

除了基差风险和增值税的影响外，影响保值效果的因素还有信用风险、操作人员的专业素养、合约的流动性等。

信用风险，例如，客户下订单之后，若出现违约风险，那么企业的套期保值头寸也将面临敞口风险。

专业性较高的保值操作人员在操作过程中给予对短期价格的准确判断，

往往在操作的过程中能给企业带来额外的收益。反之，也会带来额外的损失。尤其是对于需要基于价格判断的单向敞口的保值操作，操作人员的专业素养也是重要的影响因素。

就以抛均价而言，抛均价是把当日需要卖出的数量分配到各个时间段分别卖出，以求整体的卖出价格接近当日的结算价。而对于盘感较好，专业素质较高的操作人员来说，可以做到当日抛出的均价高于结算价，而反之很可能抛出的均价会低于结算价，从而影响保值效果。

而合约的流动性会影响到实际操作中的滑点①大小问题。合约流动性差，价格的连续性也较差，操作时会造成较大的滑点影响保值效果；反之，则影响较小，可忽略不计。

十五、企业如何优化套期保值操作？

理论上的完美保值是不存在的，企业也都是逐利的，并且市场确实存在一些机会使得企业可以在风险可控的前提下获取超额利润或者回避一些基差和价差带来的损失。既具备内在的需求，也具备外部条件，因此保值效果优化就成了企业在保值过程中一个重要课题。

涉铅企业保值效果优化的原则：

（1）以实现企业整体经营目标为首要任务，风险可控。这是进行保值效果优化的基本前提，是在风险控制的基础上进行效果优化，主次必须分明。

（2）发挥企业优势，灵活运用保值工具，实施阶段保值。

（3）期现互动，既互相配合又互相促进。

（4）规范管理，稳步发展。

（一）利用基差优化套期保值效果

基差变化是判断能否完全实现套期保值的依据。

在各月合约基差比较稳定的情况下，保值头寸的建立一般选择活跃月份，这样进出方便，大量进出时价格不会偏差太大。保值头寸的特点是量

① 滑点即为看到或者准备进行操作时的价格与实际成交价格之间的差距。

大、时间长、不频繁操作。

在各合约基差不稳定的情况下，一般选择消费月进行保值比较合适，当然也可根据现货升贴水状况调整保值月份。

在反向市场结构下，卖出保值具有结构性亏损。为了尽量规避基差损失，涉铅企业进行卖出保值的合约尽量选择在远月并不断换月，这样可以最大程度减少换月损失。

同理，由于近月合约换月收益较大，买入保值选择在近月，并通过不断地换月获取基差收益最大化。因此，当基差结构出现下降排列的时候（即基差扩大），远月进行卖出保值，近月进行买入保值。

当基差结构出现上升排列的时候（即基差缩小），涉铅企业应该选择在近月卖出保值，远月买入保值（见表5－11）。

表5－11　反向基差下套期保值

保值类型	反向基差				
	基差变化			基差结构	
	基差扩大	基差缩小	基差稳定	上升结构	下降结构
当月购进原料	远月卖出保值	近月卖出保值	活跃月份保值		
当月销售产品	近月买入保值	近月买入保值	活跃月份保值		
当月出现库存				在近月移仓，无法完全保值	在远月移仓，无法完全保值
远月销售产品	近月买入保值	近月买入保值	当月买入保值	在远月保值并不断移仓	在近月保值并不断移仓

（二）根据期货特征调整现货运作

前面提到过的反向基差下的卖出保值有结构性损失。虽然通过期货合约的选择可以尽量减少这种损失，但不能完全规避。

根据期货特征调整现货业务流程，可以在一定程度上避免结构性损失的出现。

1. 计价期的调整。通过分析涉铅企业可以很清晰地看到，反向基差下的原料采购和产品销售间隔一旦跨月，企业将必须承担换月基差损失，时间越长损失越大。但在某些行业，尤其是加工周期较长的行业，这种间隔是不可避免的。

这种情况下涉铅企业首先的思路就是调整计价期，调整的目标是原料采购和产品销售的计价期保持一致或者尽量保持在同一个期货月内。前者可以不用保值，后者也可以通过正常的保值手段实现风险对冲。

2. 消除隔月库存。所谓隔月库存并不是指现货库存跨越自然月，而是指现货库存跨越期货月，也即每个月的 15 日。

一旦库存出现跨月不可避免的会导致保值效果的损失。因此作为一般企业来讲（出于对价格预期特意囤积库存的企业除外）应该尽可能避免超出正常水平的隔月库存出现。

3. 原料或者产品发货时间的调整。反向基差下不仅计价期与库存重要，甚至连发货时间也非常重要，隔月基差将现货运作中任何一个细节都同步放大。

实际运作过程中，企业通过有效的调整原料和产品发货时间不仅可以回避基差损失，甚至可以以此获取稳定的套利收益。

（三）利用套利操作优化套保效果

对于反向基差下卖出保值的基差损失，通过现货运作方式的调整是最好也是唯一能够在无风险情况下回避损失的方法。如果企业无法通过现货运作的方式有效化解基差损失，则只能退而求其次，利用其他的手段尽可能优化保值效果。在所有的优化手段中，利用反向基差的特点实现套利是一个较为稳妥的手段，运用得当我们可以在较低风险下有效优化保值效果。

1. 利用原料发货期实现期现套利。在同一计价月内，利用下游客户对发货日期的要求宽松，我们可以利用市场远期贴水的特征实现期现套利操作：

2. 利用国内外比价实现跨市套利。跨市套利业务在国内已经运作得非常成熟，对于保值企业来说同样可以利用国内外市场的比价关系，合理选择保值的市场以优化保值效果，对于有进料加工业务的企业来讲这更是一个非常好的工具。

十六、企业如何在期货市场开立套期保值账户？

既然利用期货市场的套期保值功能可以有效地进行风险管理，那么企业该如何进入期货市场进行套期保值呢？这必然就涉及开立期货交易账户、出入金操作以及申请套期保值交易头寸等方面的问题，下面我们将一一向投资者进行讲解。

（一）选择合适的期货公司开立期货账户

选择合适的期货公司开户主要是从以下几个方面来进行衡量：

1. 公司背景。首先要了解公司是否具有合法经营的资格、良好的声誉、雄厚的资本和规范的运作；其次了解公司具有怎样的股东背景。一般来说，铅是有色金属品种之一，具有相关现货背景的期货公司在了解铅企业现货运营方面比没有此背景的公司具有先天的优势。

2. 专业化服务。对于如何选择专业化较好的公司，一般可以通过与期货公司相关人员的交谈，提供的套期保值方案等方面进行判断。企业可以在作出决定之前，对几家公司提供的套期保值方案以及相关培训等方面进行对比来判断。一般来说，具有金属现货背景的公司在专业化服务方面也会具有先天优势。

3. 收费情况。期货交易需要交纳手续费，除了向交易所交纳部分具有较大的刚性之外，期货公司收取部分都有一些差异。一般来说对于专业化服务较强的公司，手续费收取标准都会相对较高，而一些小公司，为了争取业务量，手续费收取标准则相对较低。但对于企业来说，手续费支出相对于套期保值的规避风险收益所占比例较小，因此，这并不是需要重点考虑的问题。企业也不能为了节约一部分交易成本而去选择一些经营不太规范的小企业，这很有可能为企业带来额外的资金风险。

(二) 开户

企业根据以上几条标准选择了适合自己的期货公司之后，则需要与该公司的业务人员联系，了解开户的相关流程。投资者开户必须先带齐所需材料到期货公司签订相关期货合同文件，并由期货公司向监控中心代为申请交易编码。随着开户完成和资金的到位，投资者便可以进行期货交易。

经证监会规定，开商品户需要签署的相关期货合同文件包括：

（1）“资信调查表”、“开户申请表”。

（2）“风险揭示书”、“客户须知”。

（3）“法人及其他经济组织授权书”。

（4）“期货经纪合同”。

（5）手续费收取标准。

（6）“期货交易特别指定事项”。

（7）如需办理银期转账，需签署引起转账协议和申请书。

（8）密码通知书（送达密码方式、期货账户号、签码签收类型勾选、客户签名、日期）。

由于我们这里讲的参与期货市场套期保值的基本都为公司客户，即法人客户，因此，这里重点介绍法人户开立所需要准备的资料。

经证监会规定，开立法人账户需要提供的资料如下：

（1）扫描并复印经年检有效的“企业法人营业执照”副本。

（2）扫描并复印经年检有效的“组织机构代码证”。

（3）拍摄法定代表人（或开户代理人）头部正面照、扫描并复印其身份证正反两面，如有指令下达人、资金调拨人、结算单确认人均需分别复印身份证正反两面（照片必须现场采集，不能为合照、生活照、证件照）。

（4）“税务登记证”复印件。

（5）如有开户代理，需要加盖公章的“法人及其他经济组织授权书”（开户代理人必须为具有中国居民身份证的自然人）。

（6）用于出入金的银行账号及预留印鉴。

（7）“股东信息表”，揭示股权关系。

需要注意的是，以上资料需验正本，所有复印件需加盖公章。

客户签订完所有相关合同，提交相关资料后，将获得“期货公司经纪合同”和“密码通知书一份”。待交易编码申请下来的当日的后一交易日，即可入金交易。

开户流程简图见图 5－14。

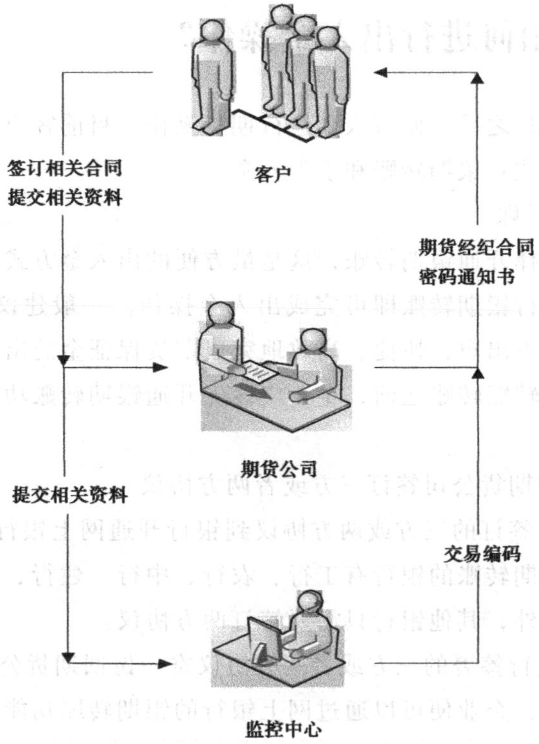

图 5－14　开户流程简图

个人投资者开户

个人投资者开户较法人开户所要提交的资料相对较为简单：

（1）客户头部正面照。

（2）扫描并复印客户身份证正反两面，如有指令下达人、资金调拨人、结算单确认人需复印身份证正反两面（其他证件如：临时身份证、港澳台身份证（回乡证）、驾驶证，军官证，护照都不能开户）。

（3）用于出入金的银行账户（借记卡或存折）复印件。

（4）公司要求提供的其他资料。

十七、如何进行出入金操作?

企业完成开户之后，便可入金进行期货操作。目前客户进行出入金的操作主要有两种方式：银期转账和手工入金。

（一）银期转账

客户可以选择开通银期转账，这是最方便的出入金方式，投资者只需要在交易软件上进行银期转账即可完成出入金操作。一般建议办理银期转账，通过网络做到足不出户，快捷、高效地完成期货保证金的出入金操作。

在进行银期转账转账之前，企业应该先开通银期转账功能。开通流程如下：

（1）企业与期货公司签订三方或者两方协议。

（2）带上已签订的三方或两方协议到银行开通网上银行银期转账功能。目前可以开通银期转账的银行有工行、农行、中行、建行、交行，除了建行是签订三方协议外，其他银行只需要签订两方协议。

（3）经过银行签署的三方或者两方协议寄一份回期货公司。

经过此三步，企业便可以通过网上银行的银期转账功能对期货账户进行出入金操作。

（二）手工入金

投资者可以通过网银或者柜台转账等方式向期货公司的保证金专业账户转账入金，然后打电话给期货公司相关人员，代其手动完成从保证金专业账户向客户交易账户转账的入金操作；而出金则需要投资者向期货公司发送出金指令，比如填写退款通知单等，并通过传真或电子邮件等方式发送给期货公司相关人员。期货公司收到出金指令后将为客户手动完成出金操作。这个过程会有电话录音佐证。完成开户和入金操作后，投资者便可以进行期货交易了。

十八、如何区分铅期货套期保值头寸申请中一般月份和临近交割月份套期保值交易头寸?

交易所对套期保值交易的持仓与投机交易的持仓实施分类管理，具备与套期保值交易品种相关的生产经营资格的企业客户进行套期保值，可根据自身真实的生产经营状况进行套保额度的申请。然而，目前许多的企业，尤其是保值头寸相对较少的企业往往为了免去申请套保头寸的麻烦而直接使用投机额度进行套期保值操作。但是申请套保头寸对于企业却有着投机额度无可相比的益处。首先，套期保值交易的持仓不受投机头寸持仓限量的限制。第二，在市场发生风险，交易所根据有关规定实施减仓时，按先投机后套期保值的顺序进行减仓。当投机头寸减仓后，风险得到控制则企业的套期保值头寸将得到保留，能尽量避免出现现货风险敞口的情况。那下面让我们来了解铅期货的套期保值头寸。

（一）套期保值交易头寸的分类

根据市场在合约不同的运行阶段，不同的套期保值需求和风险控制要求，目前铅期货的套期保值交易头寸被分为一般月份套期保值交易头寸（H1）和临近交割月份套期保值头寸（H2）。H1 是指合约挂牌至交割月前第二月的最后一个交易日；H2 是指合约交割月前第一月和交割月份。

【案例 5－15】

以 PB1304 合约为例，2012 年 4 月 17 日到 2013 年 2 月 28 日期间，申请该合约的套期保值头寸均以一般月份套期保值交易头寸来申请，而进入 2013 年 3 月 1 日后该合约的套保头寸申请则必须以交割月份套期保值交易头寸来申请。

(二) 套保头寸的审核标准

1. 一般月份套保交易头寸。按主体资格是否符合，套期保值品种、交易部位、买卖数量、套期保值时间与其生产经营规模、历史经营状况、资金等情况是否相适应进行审核，确定其一般月份套期保值交易头寸。一般月份套期保值交易头寸不超过其所提供的一般月份套期保值证明材料中所申报的数量。

2. 临近交割月份套保交易头寸。将按照会员或客户的交易部位和数量、现货经营状况、对应期货合约的持仓状况、可供交割品在交易所库存以及期现价格是否背离等，确定其临近交割月份套期保值交易头寸。临近交割月份套期保值交易头寸不超过其所提供的相关套期保值证明材料中所申报的数量。

（三）申请时间不同

1. 一般月份套期保值交易头寸的申请时间。H1 应当在相关合约交割月前第二月的最后一个交易日之前提出，逾期交易所不再受理该合约一般月份套期保值交易头寸的申请，会员或客户可以一次申请多个合约的 H1。

2. 临近交割月份套期保值交易头寸的申请时间。H2 应当在相关合约交割月前第三月的第一个交易日至交割月前第一月的最后一个交易日之间提出，逾期交易所不再受理该交割月份套期保值交易头寸的申请。这里可见 H1 的申请时间和认定时间是一样的，但是 H2 的申请时间和认定时间却有所不同。

【案例 5－16】

2012 年 4 月 3 日，某铅锭冶炼厂准备申请套期保值交易头寸，需要申请进行的套保合约包括 1204、1205、1206、1207、1208。当日，1204、1205 合约必须申请临近交割月份套期保值交易头寸，而 1206、1207 和 1208 合约则可以一般月份套期保值交易头寸来申请。但当日已经超过了 1204 合约套保头寸的申请日期（2012 年 1 月 2 日～2012 年 3 月 30 日），交易所将逾期不受理。而当日可以提出对 1205、1206 和 1207 合约的临近交割套期保值交易头寸的申请（2011 年 12 月 1 日～2012 年 4 月 30 日、2012 年 3 月 1 日～2012 年 5 月 31 日、2012 年 4 月 1 日～2012 年 6 月 29 日），对 1206、1207、1208 合约的一般月份套期保值交易头寸申请（申请时间与认定时间相同）。此时，1206 和 1207 合约除了必须申请一般月份套保交易头寸外也可以提前做临近交割月份套保交易头寸的申请。当然，该企业对 1206 和 1207 合约只需要分别在 2012 年 5 月 31 日和 2012 年 6 月 30 日提出临近交割月份套保交易头寸的申请即可。

（四）H1 和 H2 套保头寸的转化

获批准的一般月份和临近交割月份套期保值交易头寸在所对应的时间内有效，会员或客户套期保值持仓超过获批（或者设定的额度标准）套期保值交易头寸的，应当在下一交易日第一节交易结束前自行调整；逾期未进行调整或调整后仍不符合要求的，交易所有权采取强行平仓。

进入合约交割月前第一月和交割月份时，对于已获 H1 未获 H2 的合约将参照已获 H1 和铅品种限仓制度规定额度中的较低标准执行，并按此标准转化为 H2；而进入临近交割月份后，通过申请获得 H2 的，按获批的 H2 执行。若客户获得的临近交割月份套保头寸数 < 一般月份套保头寸数，则客户需在规定时间内将套保持仓减至不超过获批的临近交割月份套保头寸数。

十九、一般月份的套期保值头寸如何申请？临近交割月份的套期保值头寸如何申请？

一般月份套期保值头寸和临近交割月份的套期保值头寸的申请在流程上并不存在很大的差别，只是需要提交不同的资料。

（一）套期保值交易头寸的申请流程

两种头寸的申请流程是一样的，只是需要提交的资料有所差异。客户以纸质版形式向其开户会员申报，会员审核后通过套保头寸电子化管理系统向交易所申报，并保存相关申请资料。而非期货公司会员直接通过电子化管理系统向交易所申报，保存相关申请资料。交易所在 5 个交易日内告知会员审核结果（通过电子化管理系统），会员将结果通知客户。

套期保值交易头寸的申请流程见图 5 – 15。

申请一般月份套保头寸需要提交的资料包括：

（1）H1 申请表。

（2）企业营业执照副本复印件。

（3）上一年度现货经营业绩（经审计的财报）。

（4）生产类：当年或下一年度现货经营计划。

（5）贸易类：与申请套期保值交易头寸相对应的购销合同或其他有效凭证。

（6）套期保值交易方案（包括风险来源、保值目标、预期交割或平仓的数量等）。

（7）交易所要求的其他证明材料。

申请临近交割套保头寸需要提交的资料包括：

（1）H2 申请表。

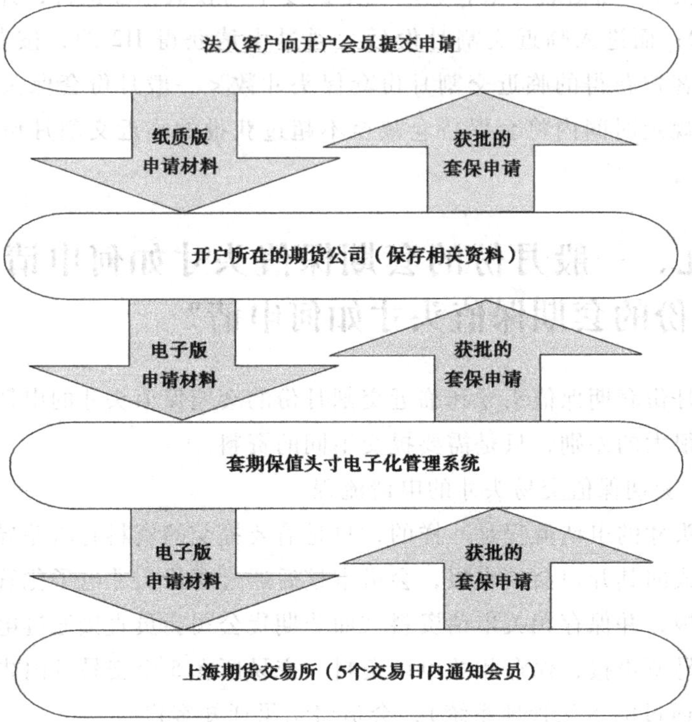

图5－15　套期保值交易头寸的申请流程

（2）企业营业执照副本复印件。

（3）生产类：当年或上一年度生产计划书；与申请头寸相对应的现货仓单或者拥有实物的其他凭证。

（4）加工类：当年或上一年度生产计划书；买入套保需提供与申请头寸所对应的加工订单或购销合同；卖出套保需提供与申请头寸所对应的现货仓单或者拥有实物的其他凭证（购销合同或发票）。

（5）贸易及其他类买入套保需提供与申请头寸所对应的购销合同或其他有效凭证；卖出套保需提供与申请头寸所对应的现货仓单、购销合同或其他有效凭证。

（6）套期保值交易方案。

（7）交易所要求的其他证明材料。

需要注意的是，以上需要提交的文件均需加盖公章，并且必须是企业固有的带有文号的有效文件。

（二）套期保值头寸使用过程中的注意事项

1. 建仓时间：获准套期保值交易头寸的会员或客户，应当在该套期保值所涉合约最后交易日前第三个交易日收市前，按批准的交易部位和头寸建仓。在规定期限内未建仓的，视为自动放弃套期保值交易头寸。

2. 头寸的重复使用：套期保值交易头寸在进入交割月份前可以平当日新开仓，也可重复使用，即套保持仓平仓后，对应的套期保值交易头寸即可继续使用。但自交割月份第一交易日起就不得重复使用。

【案例 5－17】

PB1206 合约套保头寸在 6 月份第一个交易日之前可以开仓平仓，总保值额度不变，但从进入 6 月份第一个交易日开始，若出现保值头寸的平仓，则 PB1206 合约总保值额度＝获批保值额度－本月保值头寸的平仓数量。

3. 会员或客户在获得套期保值交易头寸期间，企业情况发生重大变化时，应及时向交易所报告。交易所有权根据市场情况和套期保值企业的生产经营状况对会员或客户套期保值交易头寸进行调整。

4. 交易所有权要求获批套期保值交易头寸的会员或客户报告现货、期货交易情况。

5. 交易所对会员或客户获批套期保值交易头寸的使用情况进行监督管理。

自 测 题

一、不定项选择题

1. 申请套期保值交易头寸有何好处？（　　）

A. 申请了套期保值头寸才能进行期货操作

B. 市场出现风险，交易所按规定进行减仓时，将先减投机头寸，再减套期保值交易头寸

C. 套期保值头寸不受持仓限额的限制

D. 套期保值交易头寸可以免去交易费用

2. 4月17日，甲公司计划将原6月合约的一般月份套期保值交易头寸再申请临近交割保值交易头寸，那么该操作需要在什么时间之前提出申请？(　　)

A. 5月的最后一个交易日　　B. 4月的最后一个交易日

C. 5月合约交割前　　D. 6月合约交割前

3. 甲公司为一铅锭生产企业，4月25日，甲收到丙公司一份500吨的电解铅订单，约定以提货日上海有色网均价计价。为了生产本批产品，甲向乙采购了500金属吨的铅精矿，按5月上海有色网均价定价。为了规避价格风险，甲公司决定对这笔交易进行套期保值。那么，对于原料的保值操作应该是(　　)。

A. 合同签订完成后，即在期货市场的5月合约上全部买入保值

B. 合同签订完成后，即在期货市场的5月合约上全部卖出保值

C. 进入5月后，在期货市场的5月合约上买均价，5月15日换月后，对前期的头寸移仓，剩余头寸在6月合约上买均价

D. 进入5月后，在期货市场的5月合约上抛均价，5月15日换月后，对前期的头寸移仓，剩余头寸在6月合约上抛均价

4. 5月19日，丙公司向甲公司提货300吨，此时甲公司保值如何操作？(　　)

A. 当日在期货市场买平12手6月合约

B. 次日在期货市场买平12手6月合约

C. 当日在期货市场新买入12手6月合约

D. 次日在期货市场新买入12手6月合约

5. 甲公司在套期保值过程中将面临哪些风险？(　　)

A. 基差风险　　B. 价格风险

C. 信用风险　　D. 操作风险

6. 蓄电池生产企业面临的风险属于(　　)。

A. 上游闭口下游敞口　　B. 上游敞口下游闭口

C. 上游敞口下游敞口　　D. 无风险敞口

7. 期货价格中包含的持仓费用主要有(　　)。

A. 仓储费　　B. 保险费

C. 利息费　　D. 交易费

8. 套期保值工作的实际运作包括以下操作步骤：风险识别，风险量化(　　)。

A. 制定保值策略　　B. 保值方案优化

C. 保值跟踪及风控　　D. 保值效果评估

9. 蓄电池企业保值之前需要做如下哪些选择以面对不确定性(　　)。

A. 套期保值目标的选择　　B. 套期保值比率的选择

C. 套期保值工具的选择　　D. 套期保值期限的选择

10. 基差是影响炼铅企业套期保值效果的最重要因素，那么下面不是影响基差极值的因素有(　　)。

A. 仓租费　　B. 资金利息

C. 铅价　　D. 增值税

二、判断题

1. 企业可以利用期货市场规避生产经营中的一切风险。　(　　)

2. 在反向基差结构中，如果企业持有多头需要移仓，则该操作可以给企业带来结构性盈利。　(　　)

3. 套期保值操作步骤是相互独立的。　(　　)

4. 套期保值头寸申请中需要提供的关于企业经营的相关资料都必须是企业固有的带有文号的文件。　(　　)

5. 蓄电池生产企业主要关注绝对价格的变化。　(　　)

6. 铅矿企业和炼铅企业的库存保值操作策略是不一样的。　(　　)

7. 某铅锭生产企业通过期货市场的套期保值操作，在期货市场获得80万的盈利，基本弥补了现货市场83万吨亏损。这个操作中除了基差外，增值税的征收也是影响此次保值效果的重要因素。　(　　)

8. 企业若没有申请临近交割月份套期保值交易头寸，那么在进入交割月时，企业的套期保值交易头寸将自动按H1执行。　(　　)

9. 贸易企业主要关注绝对价格的变化。　(　　)

10. 在正向市场情况下，弱对后市看涨，则可将多头头寸建立在近期合

约上。 (　　)

参考答案

一、不定项选择题

1. B	2. A	3. D	4. A	5. ACD
6. B	7. ABC	8. ABCD	9. ABCD	10. C

二、判断题

1. ×	2. √	3. ×	4. √	5. √
6. ×	7. ×	8. ×	9. ×	10. ×

第六章
铅的套利交易方法

【本章要点】

本章从什么是套利，铅期货套利交易的类型和特点介绍出发，以相关的套利理论结合相关的案例分析，向投资者介绍了铅的期现套利、跨期套利、跨市套利和铅锌跨品种套利的操作策略。同时针对每一个套利策略指出相关的风险和注意事项，从细节上指导投资者如何进行铅的各种套利操作。

一、什么是套利？铅期货套利交易有哪些类型和特点？

套利的最基本含义是“买入被低估的产品，同时卖出被高估的产品，当产品价值回归时，赚取高估与低估的价差”。套利相对于单向投机而言，具有较低的风险且能获得较为稳定的收益，是一种比较稳健的交易方式。

根据套利的定义，对于一家涉铅企业来说，当以下四个条件中有至少一个条件被满足时，便可挖掘套利机会：

（1）当前现货铅的价格与期货铅根据无风险利率折现的价格差距过大。

（2）在剔除了资金成本和仓储成本的因素后，铅期货的近月合约与远月合约的价格差异过大。

（3）铅期货在不同市场上出现不同价格，违背了“一价定律”。

（4）具有相同或相似价值的两种期货品种定价差异过大，例如相似的有色金属品种，像铅和锌。

这四个条件分别为我们带来四种不同类型的套利机会：期货和现货套利、单一期货的跨期套利、不同市场间的跨市套利以及不同品种间的跨品种套利。由于后三种套利方式并不是无风险套利，属于价差套利，是存在一定风险的。

名人名言

想要使一只鹦鹉成为一位资深的经济学家，仅仅学会一个单词即可：啊……套利。

——斯蒂芬·罗斯

市场处于非理性的时间要长于你醉酒不醒的时间。

——约翰·梅纳德·凯恩斯

二、什么是铅的期现套利？

期现套利属于价差交易的一种情形，是针对期货与现货之间的价差进行买卖的交易模式。简单而言，就是利用期货的价格偏离理论价格时，通过在期货和现货两个市场做相反的买卖以规避期货和现货价格波动的风险，利用期货合约到期时期货价格收敛到现货价格的特性，赚取期货偏离理论价格部分的利差，获得无风险的收益。

理论很简单，但在实际的操作中却有很多需要注意和仔细考虑的地方。

首先是价格的差异，也许很多人会问，多大的差异才会产生期限套利的机会？

持有成本模型是辨别期现套利机会的经典模型。持有成本理论认为，在正常市场中，远期合约价格应等于近期合约（或现货）的价格加上持仓费并减去持有期间的收益。持仓费主要指持有近期合约或者现货的机会成本，持有期的收益主要是股息收入。那么，在完美的无摩擦市场假设条件下，由于套利机制的存在，按照持有成本定价模型期货价格公式为：

$$F\ (T)\ = S_t e^{(r-d)(T-t)}$$

其中，$F\ (T)$ 是 T 时刻到期的期货合约在 t 时刻的价格，S_t 是 t 时刻现货价格，r 是 t 时刻至 T 时刻的无风险利率，d 是 t 时刻至 T 时刻的红利率。但是在现实交易中，投资者需要支付交易费用、印花税、利息等费用，只有期货价格大于期货理论价格与各种交易过程中的成本总和，期现套利才可能获利。

期现套利的主要风险包括基差风险、现货组合跟踪误差风险、冲击成本风险和保证金风险。因此投资者在入场时应适当提高入场边界，才能较好地保证期现套利的利润。

期现套利中的主要风险

基差风险：基差是指现货价格与期货价格间的价差，基差的变动反映了现货价格和期货价格的相对走势。基差的变动会对套期保值的效果产生一定影响，通常称之为基差风险。

跟踪误差风险：在期现套利交易中，现货部位的收益率和期货的收益率之间存在着差异，这个差异会导致套利的总体收益较预期收益更大或更小，这种不确定性就构成了跟踪误差风险。

冲击成本风险：进行套利操作时，套利部位必须迅速建构完成，否则期货与现货关系会改变。而短期间进场买进或卖出大规模的现货，会造成供需失衡进而影响现货价格变化，使得最后成交价与买卖价格出现差距产生买卖价差，即市场冲击成本。

保证金风险：期货采用逐日盯市的制定，因此投资者必须预留充足的储备资金以防止由于期货端可用保证金不足而被强制平仓的风险。

三、铅期现套利是怎么操作的?

从理论上来说，均衡的铅价应该是等于现货铅价加上持仓费。也就是说，期货铅价和现货铅价之间的差额反映的是持仓费。但实际上，期货铅价与现货铅价之间的价差往往偏离实际的持仓费，这也就给投资者创造了机会。当价差偏离持仓费用时，价差属于异常状态，市场上套利者的存在将导致价差回复至均衡状态，即价差将恢复至持仓费水平。这个过程中，投资者可以通过在两个市场上进行反向交易，待价差趋于合理时便可获利（见图6-1）。

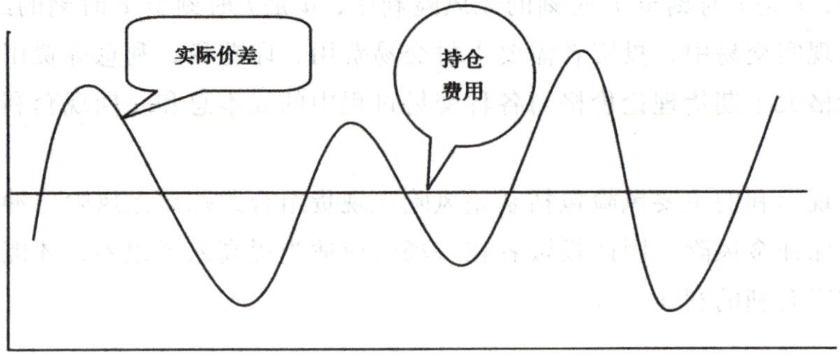

图6-1　实际价差与持仓费用

当价差偏离合理值时，具体的操作策略见表6-1。

表6-1　　　　价差偏离操作策略表

	价差（期价-现货价）	期货市场	现货市场
价差偏大	价差>持仓费用	卖出期货头寸	买入现货头寸
	持有至交割	交与交易所交割	
	价差恢复至无套利区间，不持有至交割	平仓	卖出现货
价差偏小	价差<持仓费用	买入期货头寸	卖出现货头寸
	持有至交割	交与交易所交割	
	价差恢复至无套利区间，不持有至交割	平仓	买入现货

例如，某日铅的当月合约价格为15000元/吨，而当日现货价位14750元/吨，假设从该日到交割日所需的持仓费用为150元/吨。此时，期货价-现货价=250>150，由于套利者的存在，预计价差将会收缩。那么投资者可以在期货市场上卖出期货合约而在现货市场上买入现货，并将头寸持有至交割。交割日结算价为14860元/吨。因此，期货头寸盈利=15000-14860=140元/吨，交割现货亏损=14750+150-14860=40元/吨，于是，投资者整体获利100元/吨，获利水平正好等于偏离程度（实际价差-持仓费用）。

反之，若所需持仓费用为300元/吨，则铅的期现价差<持仓费用，那么，投资者应该是买入期货合约同时卖出库存现货，最后持有至交割，期货头寸亏损140元/吨，但现货盈利=14750-14860+300=190元/吨，整体盈利50元/吨。此操作中节省的持仓费用300元计入盈利，投资者最后仍然持有现货在手。由于现货没有做空机制，卖出现货库存的操作很容易受到限制，因此这种策略并不常用。

（一）铅无风险期现套利持仓费用的计算

从期现套利的整个过程可以发现，铅的持仓费用是其中最关键的费用。它决定能否进行铅期现套利，以及如何进行期现套利操作。那么，下面我们将具体的向大家介绍铅的持仓费用如何计算。

持有至交割的铅持仓成本=仓储费×天数+过户费+交割费+入库费+打包费+（现货价+期货价×保证金比例[①]）×资金利息率×天数/360+（交割结算价-现货价）×增值税率+（建仓期货价+交割结算价）×手续费率

从分类来看，主要涉及仓储费用（仓储费）、资金使用费用[（现货价+期货价×保证金比例）×资金利息率×天数/360]、交割费用（过户费+交割费+入库费+打包费）、交易费用[（建仓期货价+平仓期货价）]和增值税[（交割结算价-现货价）×增值税率]。

由于铅需要室内保存，仓储费用比其他品种高；资金使用费用为购买现货以及期货保证金占用资金未收取银行利息的机会成本；交割费用则是持有

① 上海期货交易所规定的铅的最低保证金为8%。

至交割需要向交易所等付出的杂费，若头寸并未持有至交割，则这部分费用为0；交易费为期货头寸的交易成本。

由于在进行期现套利前计算持仓成本，尚不知道交割结算价，一般可用近期的平均基差来替代（交割结算价－现货价），而交易费用则可以用建仓期货价×2来替代，这样对套利效果也几乎没有大的影响。

所以，公式可以简化为：

持有至交割的铅的持仓成本＝仓储费×天数＋过户费＋交割费＋入库费＋打包费＋（现货价＋期货价×保证金比例）×资金利息率×天数/360＋基差×增值税率＋建仓期货价×手续费率×2

以2012年6月29日买现货抛沪铅1208合约的持仓成本计算为例，见表6－2。

表6－2　　铅持仓相关费用标准表

铅持仓的相关费用标准			
1. 仓库租金	0.7元/吨/天	2. 资金利息	一般以一年期贷款利率计算
3. 过户费	1元/吨	4. 打包费	40元/吨
5. 交割手续费	2元/吨	6. 交易手续费	万分之0.5
7. 入库费	专用线：26元/吨； 非集装箱自送：18元/吨； 集装箱自送：30元/吨	8. 增值税	17%的增值税率

持有至交割的铅持仓成本

$=0.7\times9+1+2+26+40+(14650+14530\times10\%$[①]$)\times6.31\%\times9/360+100\times17\%+14530\times0.5\%\times2=120$（元/吨）

每日的持仓成本＝120/9＝13.3（元/吨/天）

（二）有风险的期现套利区间

在实际的套利操作过程中，铅的基差并不完全在持仓费用一线运行。通过大量的数据统计分析发现，铅的基差走势是有迹可循的。所以，投资者

① 期货公司实际收取的保证金比例要大于交易所，因此这里以10%为例计算。

可以根据对期现价差未来走势的判断或者根据期现历史价差走势的规律来实施套利，这种套利是有风险的，套利者存在亏损的可能，因而要设置好止损。

由于国内铅期货上市不久，缺乏足够的统计样本，这里我们只对LME三月铅的现货升贴水进行统计分析（见图6-2）。

从图6-2中可以看出，铅的基差主要运行在一定的区间内，我们可称之为无套利区间。当基差运行至区间边缘或之外时，套利者的参与将使基差回复至区间内，因此，这就给投资者带来了机会。当基差运行至无套利区间下沿，且判断基差将恢复时可建立抛期货买现货的套利组合。反之，则建立买期货抛现货的套利组合。随着较大的经济运行环境的变化，这个区间将有所变动，但在一定的时期内这个区间是不会有大的改变的。该套利组合往往都不会持有至交割，待基差回复至无套利区间时，期货和现货头寸即同时平仓，获利了结。

例如，2008年10月~2009年5月，铅基差主要运行在-5至-15美元/吨区间，在此区间之外可建立套利头寸，即当基差大于-5美元/吨时建立可以抛现货买期货的套利头寸。当基差回复到无套利区间时，期货卖出平仓，买入现货以获利了结。

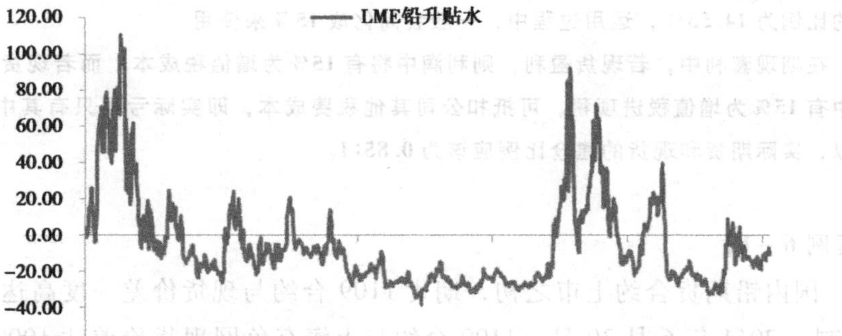

图6-2 LME现货升贴水统计分析

（三）有风险期现套利的铅的持仓成本计算

这种建立在对未来基差预判和历史基差分析的基础上进行的期现套

利操作中，持仓成本仍然是需要考虑的重要成本，只有当基差偏离正常无套利区间的幅度超过持仓成本时，投资者才能获利。否则成本将大于盈利。

有风险期现套利的铅的持仓成本 = 仓储费 × 天数 + （现货价 + 期货价 × 保证金比例）× 资金利息率 × 天数/360 + （卖出现货价 - 买入现货价）× 增值税率 + （建仓期货价 + 平仓期货价）× 手续费率

实际使用中，由于现货交易价差（卖出现货价 - 买入现货价）尚未能确定，所以需要对价差有个简单的预测。而平仓手续费的影响较小也可以简单的以建仓手续费两倍来计算。

（四）建仓比例

从理论上来看，期货市场和现货市场的建仓比例应该是 1:1，但实际操作过程中，由于期货交易不需要缴纳增值税而现货交易却涉及增值税的问题，所以在建仓时，需要考虑铅 17% 的增值税来调整建仓比例。

增值税

国内的铅价是含税价，即含有 17% 的增值税的价格。那么铅价中含有的增值税 = 铅价/1.17 × 17% = 铅价 × 14.53%。因此，增值税占铅价的比例为 14.53%，运用过程中，一般会简化成 15% 来使用。

在期现套利中，若现货盈利，则利润中将有 15% 为增值税成本。而若现货亏损，则其中有 15% 为增值税进项税，可抵扣公司其他税费成本，即实际亏损只有其中的 85%。所以，实际期货和现货的建仓比例应该为 0.85:1。

【案例 6 - 1】

国内铅期货合约上市之初，期货 1109 合约与现货价差一度高达 1000 多元/吨。2011 年 6 月 30 日，1109 合约与上海有色网现货价差达 1000 元/吨。持有至交割所需持仓费用简计 0.7 × 77 + 1 + 2 + 26 + 40 + （16200 + 17200 × 10%）× 6.31% × 77/360 + 1000 × 17% + 17200 × 0.5% × 2 = 536.52 元/吨，远远小于当时价差 1300 元/吨。因此，投资者甲便在 2011 年 6 月 30 日抛铅 1109 合约，买入现货铅。具体操作见表 6 - 3。

表 6－3 期现套利计算表

时间	期货		现货		盈亏
	价格（元/吨）	数量（吨）	价格（元/吨）	数量（吨）	
2011 年 4 月 6 日	17200	卖出 100	16200	买入 118	—
2011 年 9 月 15 日	16190	平仓 100	16190	卖出 118	—
交割结算盈亏	+101000 元		-1180 元		99820 元
套利盈亏	99820－63309.36＝36510.64（元）				

四、铅期现套利是否有风险？

铅期现套利是有风险的套利，增值税、限仓额度以及交割标准等都将影响铅期现套利的最终效果，使套利组合面临风险。

（一）100 吨现货对 100 吨期货的期现套利是有单边敞口的

假设某日铅现货价格 15000 元/吨，当月期货价格 15400 元/吨。买现货抛期货持有至交割，剔除持仓成本预计有 200 多元/吨的盈利。由于现货交易需开具或收取 17% 的增值税发票，占含税价格的 14.53%，为了获得这 200 多元/吨的套利利润，期现头寸不能完全一样。不管是交割平仓还是卖现货买平期货了结期现套利头寸时，假设现货价格（期货交割结算价）为 16000 元/吨，则企业需要额外开具（16000－15000）×14.53%＝145.3 元的增值税发票，假设现货价格（期货交割结算价）为 14000 元/吨，企业此前获得的进项增值税有剩余（15000－14000）×14.53%＝145.3 元可用于税务抵扣。因此在建立期现套利头寸时，应与套期保值原理一致，100 吨现货大约对应 85 吨的期货。

（二）持仓头寸不能超过限仓要求

上海期货交易所实行限仓制度，规定会员或者客户对某一合约单边持仓的最大数量，上海期货交易所对会员单位以及客户均有单边持仓限额（见表 6－4）。

表 6－4　　上海期货交易所对会员以及客户的铅限仓制度

时间	合约挂牌至交割月前第二月的最后一个交易日	交割月前第一月	交割月份
限仓数额（手）	500	200	60

假设企业在交割月前第一月，现货买入 3000 吨，期货抛出 2550 吨（102 手），进入交割月后就面临期货头寸被强平 102 －60 =42 手，现货没有及时卖出，从而出现敞口风险，此时企业可以通过将期货头寸往后移一个或两个月来规避被强平的风险。

企业没有达到限仓要求，企业开户的期货公司也有可能达到限仓要求，期货公司名下全部客户持仓之和超过该会员的持仓限额的，期货公司将会提醒有关客户在规定的时间内完成减仓或移仓，如没有达到要求，交易所可以按有关规定执行强行平仓。对于大规模做期现套利的企业而言，为应对此种风险可在不同期货公司处开设多个交易编码。

（三）现货品种是否符合铅交割条件

期现套利的首要条件是可以进行现货交易，其次是可以进行现货交割。企业可以进行铅现货交易，就具备了期现套利的基础条件。企业可以通过买入现货，卖出期货建立期现套利头寸，然后通过卖出现货，买平期货获利了结。当期现价格在期货交割之前仍未达到企业目标，就涉及现货交割的操作，此时企业购买的现货就存在是否符合铅交割条件的风险。

上海期货交易所对交割铅锭的存储、包装、质量升贴水等均做了规定，企业在进行期现套利时，需将所采购的现货与上海期货交易所可交割铅进行对比，确认所采购的现货是否能用于交割。若在期货交割之前仍未达到企业目标，且现货不能用于交割，企业可通过卖现货买平期货了解头寸，或者将期货合约移至下个合约。

五、什么是铅的跨期套利？

理论上，同一商品不同月份合约之间的最大月间价差主要由持有成本来决定。因此，当不同月份合约间的价差大于持有成本时，便会出现跨期套利的机会。导致价差偏离的原因主要有两个：第一，近期月份合约波动一般要比远期合约活跃；第二，交割日接近时，大量的移仓操作导致价差出现偏移。一般情况下，空头的移仓使隔月的价差变大，多头的移仓会让隔月价差变小。

铅跨期套利是利用不同到期月份期货合约的价差变化，买入一份铅期货合约，同时卖出一份到期期限不同的铅期货合约，等价差扩大或缩小到一定幅度而将两个合约平仓来获利的操作模式。跨期套利策略的买入和卖出交易均在期货市场实施，不涉及现货市场的各类交易成本和冲击成本，因此整个交易策略制定和执行相对容易。

由于不涉及现货的买入和卖出，跨期套利策略大大降低了投资难度，这一优势在商品期货中表现更为明显（商品期货的期现套利需要购买、存储、运输和保管现货产品，这大大增加了套利的成本，提高了套利的难度）。另外，跨期套利策略所需要的资金量较为适中，更适合资金不大的一般投资者采用。

跨期套利是建立在对未来两种合约价差走势预测基础上的价差投机，而非严格的无风险套利策略。但跨期套利策略与期现套利策略的形式和所利用的原理完全相同，投资者可以根据原理和对市场未来价差走势的预测直接制定交易策略。套利的基本操作即是“买入低估，卖出高估”。通常，根据近月合约买入和卖出方向不同，跨期套利可以分为多头套利、空头套利和蝶式套利三种类型。

套利交易的入市前提是：价差关系出现异常，通过判断价差的正常和异常波动区间，即可确定跨期套利机会的存在性。通常情况下，不同到期期限期货合约间的均衡价差包括三部分：理论价差、买卖交易成本和市场各种因素综合作用部分。

在整个跨期套利过程中必须注意以下风险：其一，价差突变超过了历史情况的风险，因此投资者必须加强对宏观经济和基本面的判断，更准确的把握价差变化的趋势；其二，市场趋势发生变化时的及时平仓，必须在投资前制定详细的预案以供选择，防范操作风险和操作过程中的主观判断。

六、如何进行铅的跨期套利操作？

铅跨期套利的操作流程中，重点为套利机会的识别以及平仓时机的把握。铅跨期套利机会的识别基于铅各合约之间不合理价差的出现以及对于后期价差变化的预期。各合约之间价差是否合理可以通过跨月合约的持仓成本计算和历史数据统计两个方面进行。对于后期价差变化的预期主要根据对于供求状态的判断。如果供给增加或者需求减少，近月合约价格将弱于远月合约。

（1）在正向市场下，铅各合约之间的合理价差主要取决于将近月合约持有至远月合约所需的费用，包括仓储费、资金成本等等。费用的计算与期现套利计算方式相同。

（2）反向市场条件下，价差有无限扩大的可能，且不能采用交割的方式规避风险，因此，反向市场下的跨期套利存在较大的风险。

（3）在考虑合约价差是否属于超出合理区间时，还应该考虑各期货合约之间的一般价差分布情况。例如 C0 - C1，C1 - C2。从而可以从统计方面为机会的识别提供佐证。

C0 指连续交割月合约价格，C1 指连续第二个月合约的价格，C2 为连续第三个月合约的价格，以此类推。

（4）跨期套利操作时，也要注意远期合约的流动性，合约流动性较差将影响套利效果。

（一）操作策略

根据买卖的交割月份即方向的差异，下面主要对铅的牛市套利和熊市套利策略进行介绍（见表 6 - 5）。

表 6 - 5　　牛市套利和熊市套利

	原理	策略
牛市套利	牛市时，近月合约价格涨幅明显大于远月合约或者近月合约的跌幅明显小于远月合约。	在买入近月合约的同时卖出同等数量的远月合约，以期通过两者之间价差变化来获取利润。
熊市套利	熊市时，近月合约价格跌幅往往明显大于远月合约或者近月合约的涨幅明显小于远月合约	在买入远月合约的同时卖出同等数量的近期合约，以期通过两者之间价差变化来获取利润。

（二）沪铅的合约间价差分析

以 C3 和 C0 之间的价差为例，在铅上市之初，随着铅价的不断下滑，价差的波动幅度较大，近月合约的跌幅大于远月合约。但之后，由于铅价的不断下滑，冶炼厂惜售情绪越来越严重导致现货市场可使用铅锭开始减少，近月合约的跌幅开始小于远月合约。跨月合约间的价差逐步缩窄，甚至出现反向市场（见图6－3）。

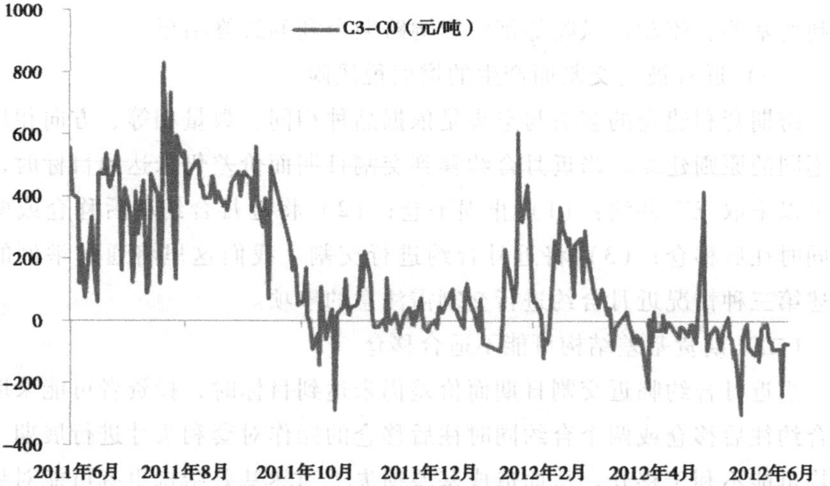

图6－3 铅合约间价差走势图

数据来源：WIND、金瑞期货。

【案例6－2】

2012年2月2日，1204与1203合约之间价差为－30元/吨左右，根据对后期的预计以及前期价差的走势总结，认为未来一段时间，价差将扩大，于是进行以下套利操作（见表6－6）。

表6－6 套利操作比较表

	1204	1203	价差
2012年2月2日	16050元/吨买入	16080元/吨卖出	－30元/吨
2012年3月12日	15915元/吨卖出平仓	15745元/吨买入平仓	170元/吨
盈利	－135元/吨	335元/吨	200元/吨
整体盈利	200元/吨		

七、跨期套利过程中的注意事项

跨期套利是为了锁定两个合约之间的价差获利，然而在实际操作过程中不利的基差、流动性风险等都将影响跨期套利的最终结果。

（一）近月被迫交割而产生的增值税风险

跨期套利建仓的多头与空头是依据品种相同、数量相等、方向相反、合约不同的原则建立。当近月合约移到交割日期而价差仍未达到目标时，投资者可以采取三个办法：（1）止损平仓；（2）将近月合约往后移仓或两个合约同时往后移仓；（3）将近月合约进行交割。我们这里将通过举例的方式描述第三种情况近月合约进行交割需注意的事项。

（二）期货基差结构可能不适合移仓

当近月合约临近交割日期而价差仍未达到目标时，投资者可能采取将近月合约往后移仓或两个合约同时往后移仓的操作对套利头寸进行展期。基差结构可能不利于移仓，从而造成基差损失，当然基差结构也有可能对移仓有利，从而获得基差收益。投资者在近期跨期套利的选择时，尽量选择对移仓有利的套利头寸从而减少基差损失获取基差收益。

（三）开平仓而产生的流动性不足风险

流动性风险在跨期套利中尤其重要，所跨的期限越大，流动性不足的潜在风险就越大。某个时刻铅只有一个主力合约，这就注定非主力合约可能存在流动性不足的风险。流动性不足可能致使存在一边已成交而被迫另一边高成本成交的情况，从而大幅减少预期利润。投资者在进行跨期套利所选择的合约时，需要考虑到流动性不足的风险，尽量避免选择流动性较差的合约作为进行跨期套利的对象。当流动性较差的合约不可避免的作为开平仓的对象时，可通过逐步开平仓，挂单等操作将流动性风险降至最低。

八、什么是铅的跨市套利?

跨市套利是在不同市场之间进行的套利交易行为。当同一商品期货合约在两个或者更多市场进行交易时，由于区域间的地理差别等因素，各商品合约间存在一定的固有价差关系。但由于两个市场的供求影响因素、市场环境及交易规则等方面不完全一致，价格的传导存在滞后甚至失真的情况，因此固有价差水平会出现偏离。跨市套利正是利用市场失衡时机，在某个市场买入（或卖出）某一交割月份某种商品合约的同时，在另一个市场卖出（或买入）同一交割月份的同种商品合约，以对冲或交割方式结束交易的一种操作方式。

跨市场套利有三个前提条件：第一，期货交割品标准类似；第二，期货品种在两个市场间的价格走势具有很强相关性；第三，进出口政策宽松，商品可以在两国自由流通。

由于涉及两个或多个市场，跨市套利一般对于资金的要求比较高。市场上从事跨市套利的交易方主要为生产商、消费商、贸易商及一些实力雄厚的民间大资金。在价差合适的时候，这些企业或机构可以利用自身在采购分销渠道及资金上的优势，通过跨市套利来降低生产成本或获取价差变动收益。值得注意的是，随着市场深度和广度的增加，大量跨市套利资金的活跃对国内外商品价格的影响力也在增强。

目前铅的跨市场套利主要集中在上海期货交易所和 LME 两个市场之间，影响跨市场套利的主要因素有国内外生产/消费季节性差异、国内外经济政策变化和人民币汇率变化三个方面。

随着国内大量的原材料进口，目前产生大量基于国际贸易的“实盘”跨市套利和在此基础上衍生出来的“虚盘”跨市套利。基于国际贸易的“实盘”跨市套利是指在国内价格相对国外价格偏高（偏低）时进口（出口）商品并通过交割获得价差的行为；虚盘跨市套利是指仅仅在国内外两个期货市场建立套利头寸，当价差恢复均衡状态后便获利平仓而并不涉及到实物运输和交割的套利行为。

九、铅的跨市套利是如何操作的？

跨市套利顾名思义就是不同市场之间的套利，这里的跨市场主要指国内外两个市场。国内即上海期货交易所（SHFE）市场，国外便是伦敦金属交易所（LME）市场。跨市套利的进行是基于两个市场之间的比价波动。当比价偏离时，套利者加入将使比价回复至正常状态，在这个过程中，可以通过对内外市场的反向操作来获利。铅的跨市套利也分为无风险跨市套利和有风险跨市套利。

（一）无风险的铅跨市套利

当铅的内外比价高于进口均衡比价时，可以建立抛 SHFE 铅合约买入 LME 铅合约的套利组合，即正套。而当铅内外比价低于进口均衡比价时，则可以建立买入 SHFE 铅合约卖出 LME 铅合约的套利组合，即反套。如果比价如预期恢复至进口均衡比价附近则可平仓获利了结，若比价未恢复则可通过进口交割的方式规避比价风险，并获利。这被称为无风险套利。实际运用时需要考虑合约的流动性。由于我国是铅净进口国，出口存在 10% 的出口关税，且出口受到较多政策的限制，因此，比价围绕出口比值[①]进行偏离和纠正的套利机会非常少，所以这里暂不详细阐述。

铅的进口均衡比价 = 铅的进口成本/LME 现货铅价，均衡比价中的关键在计算铅的进口成本。

铅的进口成本 = （LME 三月铅价格 + 现货升贴水 + CIF 到岸升水）× 汇率 ×（1 + 关税税率）×（1 + 增值税税率）×（1 + 开证费率 + 商检费率）+ 信用证融资利息 + 港杂费 + 短驳费 + 入库费 + 仓储费

由于一些杂费对比价的影响较少，所以在实际计算进口成本时，不必拘泥于一定要弄清楚每一项的费用，只需要代入大概的杂费总额即可。

所以公式可简化为，铅的进口成本 = （LME 三月铅价格 + 现货升贴水 + CIF 到岸升水）× 汇率 ×（1 + 关税税率）×（1 + 增值税税率）+ 杂费总额

随着影响因素的变动，进口均衡比值也会有所波动。但由于增值税率和进口关税税率一定时期内是不会变动的，而杂费总额也变动不大，因此，在实际的数据跟踪过程中重点跟踪 LME 三月铅价格、现货升贴水、CIF 到岸升水和汇率的变动（见表 6－7）。一般来说，一段时期的进口均衡比值的变动范围不会太大。只有遇到较大的经济事件导致铅价或汇率剧烈波动时，以

---

① 出口比值 = 出口成本/现货铅价，而出口成本 = 现货铅价 ×（1 + 出口关税税率）+ 港杂费 + 运费 × 汇率

及税收政策发生改变时，才会出现较大的变化。

表 6-7　　铅套利费用项目表

项目	铅	项目	铅
LME 三月价格（美元）	2264.25	汇率	6.3310
现货升贴水（美元）	-26	杂费总计（元）	300
CIF 到岸升水（美元）	65	上海金属网现货价（元）	16050
进口关税税率	3%	SHFE 的 1203 合约	16345
进口均衡比值	7.8934	期货比值	7.2188

【案例 6-3】

2012 年 1 月 30 日，铅的进口成本 =（2264.2 - 26 + 65）×1.03×1.17 + 300 = 17872.62 元/吨，所以当时的进口均衡比值 = 17872.62/2264.25 = 7.8934，但当时通过对数据的跟踪发现，LME 三月铅价/1203 合约铅价 = 7.2188，远远小于当时的均衡比值，因此，判断比值将在未来会扩大至均衡比值附近。所以，可以建立买入 1203 合约抛出 LME 三月铅的套利组合（见表 6-8）。

表 6-8　　套利操作表

	内盘		外盘		比值
	价格（元/吨）	操作	价格（美元/吨）	操作	
2012 年 1 月 30 日	16300	买入 1203 合约	2260	抛出三月合约	7.2124
2012 年 2 月 17 日	16170	平仓	1960	平仓	8.25
盈亏	-130 元/吨		300 美元/吨		

若不考虑交易费用以及资金占用成本，以 2 月 17 日当天的即期汇率 6.2951 计算，该笔套利共获利 1758.53 元/吨。

（二）有风险的铅跨市套利

虽然国内铅合约上市时间不长，但从仅有的样本数据来看，上市之初铅的比价变动较为剧烈，且无迹可循。从 2011 年 11 月开始至今，铅的内外比价逐步进入一个比较稳定的区间（7.5，8.0），该区间我们称为无套利区间。当比价运行至无套利区间之外时，回归的力量将使比价回复至该区间内。若比价运行至区间上限或以上，且预计后期比价将恢复时，即可进行正套（即卖出沪铅、买进 LME 铅，简称正套）。而接近区间下限或以下，且预计后期比价将恢复时，则可进行反向操作。随着时间的推移，比价运行的稳定区间也会有所变化，且会越来越清晰和稳定。因此，在套利过程当中，应该随时观察和跟踪铅的内外盘比价，修正无套利区间。基于统计分析的铅跨市套利一般选择两个市场相同月份的合约，并且与跟踪的比价相对应，同时需要考虑合约的流动性。2011 年 8 月 ~2012 年 4 月三月合约的铅内外盘比价走势见图 6－4。

图 6－4　三月合约的铅内外盘比价走势图

数据来源：WIND、文华财经、金瑞期货。

（三）铅跨市套利的成本

铅无风险跨市套利时，若比价未能按预期回复至均衡比值时，可以选择进口交割来锁定利润。这里产生的套利成本主要为铅的进口成本。若比价在交割前回复至均衡比价附近或者是基于统计分析的正常运行区间时，则可以选择平仓获利了结。但即便如此，在进行跨市套利时也有额外的套利成本，这也将影响套利的最终收益。不交割的铅跨市套利成本主要包含资金占用成本和交易费用。以公式来表示为：

不交割的铅跨市套利成本 = 保证金占用成本 + 交易费用。

其中，保证金占用成本与比价回复至正常区间的时间息息相关，如果比价回复所需的时间较长，那么资金占用成本也将随之增加。上海期货交易所规定铅期货最低保证金为8%，各期货公司在交易所的基础上有所增加。保证金的资金利息一般以一年期贷款利率计算。而LME的保证金收取比例较为灵活，不同的公司不同的阶段会有不同，以当时的咨询结果为准。美元资金成本一般以LIBOR + 上浮利率为参考。

交易费用方面，上期所没有针对套利组合的交易推出特定的费用收取标准，在期货市场的建仓和平仓都与投机交易一样收费。2012年8月上期所将交易手续费标准从成交金额的万分之零点五下调为成交金额的万分之零点四，各期货公司的收取标准都在此基础上上浮一定比例。

所以，在计算套利收益时，还应该在比价盈亏的基础上减去套利成本，计算出的结果才是最终的收益。

十、影响铅期货跨市套利的因素有哪些？汇率是如何影响铅的跨市套利的？

从铅的跨市套利的过程来看，汇率和关税等的变动都将影响套利的最终结果，而国内外的基差结构以及内外的建仓比例也是影响铅跨市套利的重要因素。

（一）国内外基差结构将影响跨市套利的效果

国内外基差结构的差异对跨市套利头寸持有阶段有一定的影响，存在基差损失或者基差收益的可能。国外近低远高，国内近高远低的基差结构对跨市反套（买国内抛国外）有利，对跨市正套（买国外抛国内）存在基差损失的风险。国外近高远低，国内近低远高的基差结构对跨市正套有利，对跨市反套存在基差损失的风险。

（二）进出口关税变化对跨市套利潜在的影响

进出口关税变化将引起进出口成本的变化，降低或取消进口关税将降低进口成本，对于已建立跨市正套的投资者而言是个利好，降低或者取消出口关税将降低出口成本，对于已建立跨市反套的投资者而言是个利好。由于铅国内外市场比较独立，进出口关税的小幅调整对于铅而言，短期内影响不是很大，但将通过进出口成本的变化影响跨市套利策略。

（三）汇率变动将影响国内外比价的运行中枢

国内外同一商品不同价格，除了国内外不同的税收政策，不同的供需状况之外，还有一个很重要的因素是计价货币不一样。人民币升值沪伦铅比价有下降的动力，人民币贬值沪伦铅比价有上升的动力。因此汇率的变动将会通过影响沪伦铅的比价进而影响跨市套利的效果。由于国内外铅市场相对独立，铅作为融资工具的规模不大，沪伦铅比价与汇率有长期的相关性，但短期内敏感度不是很大。当汇率出现较大幅度变化时，可对跨市套利头寸及时处理。

（四）国内外建仓比例影响跨市套利的最终收益

由于伦敦铅不含税计价，国内铅含税计价，在进行跨市套利时需要考虑国内外建仓数量的匹配。考虑增值税因素，建仓比例应该是1.17:1，由于伦敦以及上海期货交易所的铅均是25吨/手，若要严格执行1.17:1的建仓比例，则需伦敦交易117手，国内交易100手。出于简化考虑，一般可以伦敦5手，国内4手，建仓比例在1.25:1，但这存在一定的单边敞口风险。若以1.25:1的比例建立跨市正套（买国外抛国内）头寸，价格上涨时对套利头寸有利。若以1.25:1的比例建立跨市反套的头寸，价格下跌时对套利头寸有利。

十一、跨市套利无风险吗？

跨市套利是把两个反向的头寸分别建在国内外两个不同的市场之间，由于两个市场的交易制度存在差异，这也将影响整个头寸组合的操作，使跨市套利产生一定的风险。

（一）价格连续涨跌停而产生的风险

国内铅价若出现连续三个涨停或跌停板，将可能被强行平仓，而国外头寸仍然存在，此时可能存在将套利头寸变为单边头寸的风险。跨市套利投资者在出现第二个涨停或者跌停板时，应该想好应对措施，可通过盘中停板打开的时刻进行平旧仓建新仓的操作，以避免交易所在第三个涨停或跌停板强平，从而继续持有跨市套利头寸以期沪伦铅比价达到投资目的。

（二）单个市场休市而产生的风险

当遇到较长假期时，如放假前按当前沪伦铅比价计算平仓不发生亏损，可适当平部分仓位，控制保证金使用比例；如放假前按当前沪伦铅比价计算平仓发生亏损，则在闭市前准备外盘资金需求，以应对长假期间可能出现的价格不利波动而无法筹集外盘资金的风险。

（三）资金汇兑不及时而产生的风险

由于国内外汇管制，人民币在国际市场暂时不能自由流通，所以跨市套利本身存在资金汇兑不及时而导致外盘保证金不足而被平仓的风险。若外盘保证金不足且短期内无法筹集外盘资金，投资者可以主动了结部分跨市套利头寸，从而避免外盘被强平而出现单边敞口的风险。

十二、什么是铅锌的跨品种套利？

跨品种套利是指利用两种相互关联的商品之间的合约价格差异进行套利交易，即买入某一交割月份某种商品合约的同时卖出另一种相同交割月份、相互关联的商品合约，以期在有利时机同时将这两个合约对冲平仓获利。这两种商品之间往往具有相互替代性或受同一供求因素制约。

跨品种套利的主导思想是寻找两种或多种具有一定相关性的商品间的相对稳定的相关关系（差值、比值或其他），在其偏离正常值时采取相关反向操作以获取利润。这种相关关系是指品种间具有相互关系，利用这种相关性对不同品种的期货合约分别进行买入和卖出，通过品种间的强弱变化引发价差的收缩与扩大，从而实现价差收益。因此，在考虑铅和锌跨品种套利时，不仅要分析铅和锌相关性的内在机理，还要考虑相关性的影响因素，并结合数理统计分析，总结出一般规律。

根据套利商品之间的关系，跨品种套利可分为相关商品套利和产业链跨商品套利两种类型。大宗商品如果功能存在可替代性，那么价格将会反映出一定程度的相关性，当商品间相对价格（价差或比价）发生偏差时出现套利机会。产业链跨品种套利（即原料与成品间套利）是指处于同一产业链上各商品的价格因受成本和利润的约束也会具有一定程度的相关性，利用产业链中上下游产品相对价格的波动机会来进行套利。铅和锌之间的套利是属于相关商品套利。

跨品种套利的主要作用是帮助扭曲的市场价格回复到正常水平，增强市场的流动性。跨品种套利交易与通常的投机交易相比具有以下特点：风险相对较低，适合大资金操作，长期稳定的收益率，风险收益比合理。跨品种套利交易可以减缓或合理规避单边投机绝对价格的剧烈波动，同时由于跨品种套利交易是利用市场上的价差或比价关系进行操作，相对来说，跨品种套利交易获胜率较高。

在现实中，跨品种套利多是以价差或比值作判断标准，并且由于该套利组合涉及的商品品质具有差异化，较少涉及交割方面，更多要考虑的是时间因素：临近交割的月份，通常做套利的风险较难把握，市场可能出现突发或资金因素而导致的挤仓，会令价差关系失衡，所以不存在无风险套利的可能，同时，临近交割，持仓保证金的提高也会影响套利的效果。套利的收益率也无法在策略制定时完全确定。

十三、如何进行铅锌跨品种套利?

由于相近的原料来源和相关的终端需求产业，铅锌的价格走势比较接近，所以在有色金属的跨品种套利的选择上，铅锌是最常见的组合。首先通过历史数据来观察铅锌价格的联系。

（一）LME 铅锌价格关系

通过相关性分析可以看出，LME 市场上铅锌价格的相关性越来越高，相关系数上升至 0.97 左右，呈现很高的相关性（见表 6－9）。

表 6－9　　LME 期铅锌相关性表

时间段	LME 铅锌价格相关性
1989 年 1 月 4 日 ~2004 年 4 月 29 日	0.5427
2004 年 4 月 30 日 ~2007 年 10 月 25 日	0.6177
2007 年 10 月 26 日 ~2011 年 3 月 23 日	0.9343
2011 年 3 月 24 日 ~2012 年 5 月 24 日	0.9669

从伦锌和伦铅的价差上看（见图 6－5），历史上大多时候伦铅价格低于伦锌价格。在 2005 年 8 月之前，LME 三月锌价对铅价的升水一般都在 500～800 美元，此后更是一路放大，至 2006 年 4 月底，锌价曾高出铅价 2000 美元以上。直到 2007 年 8 月之后，伦铅对伦锌升水，并在当年 11 月每吨超出锌价近 1000 美元之多。目前铅锌价差稳定在 100～300 美元，铅锌价格相关性越来越高，两者价差比较平稳。

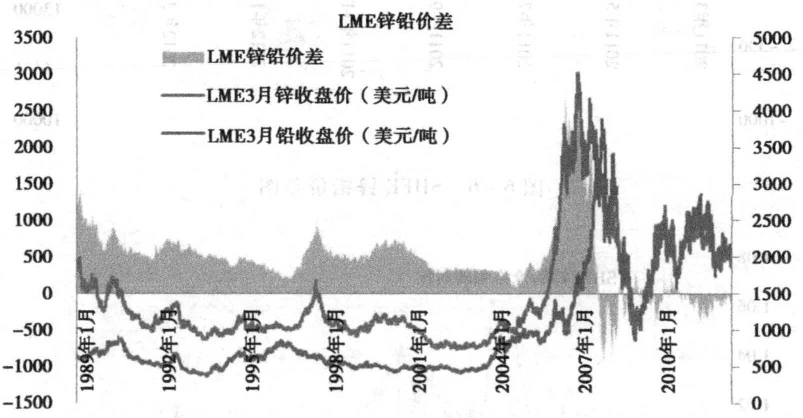

图 6－5　LME 锌铅价差图

（二）SHFE 铅锌价格关系

国内市场上铅锌期货价格的相关性高，相关系数达 0.93。铅期货上市初期，受日本地震核电站泄漏预期需要大量铅的影响，铅价上涨，高过锌价。此后，受欧美债务危机影响，铅锌价格均有所下滑，而由于铅行业开始环保整顿，蓄电池企业基本都关停进行整顿，需求疲弱，铅价下行的幅度更大（见图 6－6）。从 2011 年年底以来，受制于全球宏观经济增长放缓，欧债危机频频来袭，国内需求表现疲弱，铅锌价格均围绕成本线波动，铅期货价相对高一些（见图 6－7）。

（三）国内铅锌现货关系

2008 年 1 月至 11 月，由于锌基本面非常弱，供应过剩而需求疲弱，而相比之下铅在国内的消费表现较好，国内市场上锌的现货价格低于铅价，价差一度超过 4000 元/吨。2008 年 11 月至 2011 年 10 月底，国内锌现货价格

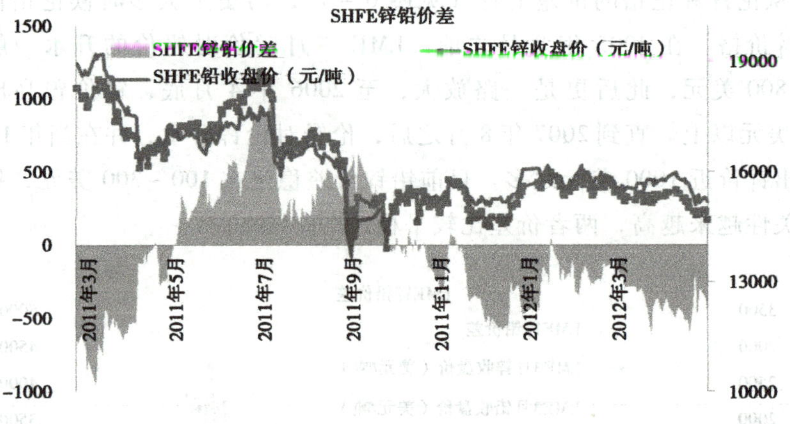

图 6－6　SHFE 锌铅价差图

图 6－7　SHFE 锌铅价格强弱对比图

高于铅现货价格的时间多，价差多数时间维持在 1000～2000 元/吨。此后，铅锌价格趋于一致，仅是偶尔出现铅价小幅高于锌价的局面，主要原因是中国经济增速放缓，需求降低使得铅锌的价格都表现疲弱（见图 6－8）。

LME 铅价比锌价高，而国内是锌价比铅价略高，从成本角度考虑，国内锌价格高，因精炼锌的加工费、能耗成本高于精炼铅；而外盘铅价之所以高，则与中国对铅实行 10% 出口关税，且国外涉铅企业高度重视环保成本有关。从这些方面考虑，随着国内对涉铅企业的环保要求的逐步提高，长期

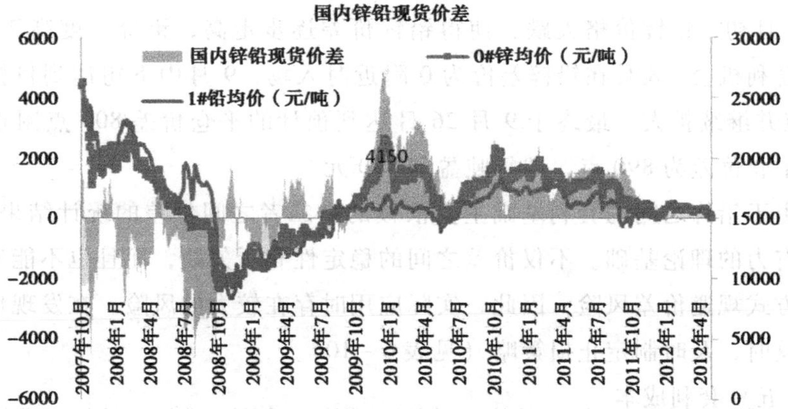

图 6－8　国内锌铅现货价差图

来看国内铅锌价差结构也可能逐步向国际上靠近。但要完成这个转变需要多长时间，尚不能预测，仍受各品种的基本面及国内环保政策影响。

（四）操作策略

铅锌跨品种套利的操作思路可简述为：根据对铅锌价差的预判，通过对铅和锌合约的方向操作锁定两品种之间的价差获利。具体见表 6－10。

表 6－10　　操作策略建议

	铅	锌
预期铅锌价差将扩大	卖出铅合约	买入锌合约
价差扩大至预期	平仓获利	平仓获利
预期铅锌价差将缩窄	买入铅合约	卖出锌合约
价差缩窄至预期	平仓获利	平仓获利
价差若与预期相反	及时启动风险对策，制定止损策略	

【案例 6－4】

2011 年 4 月末，铅期货上市之初，铅锌期货价格一致，达到 18000 元/吨。之后，铅锌期货价差不断走低，截止到 8 月 4 号大跌之前，铅锌期货价差达

到 -1220。

8 月初，铅锌价格大跌，使得铅锌价差逐步走高，铅价一度高于锌价，再现套利机会。8 月在铅锌差价为 0 附近时入场，9 月中下旬达到目标价差 500 点并继续扩大。最终于 9 月 26 日达到预计的平仓价差 800 点附近时平仓，平仓价差为 890 点，即每吨盈利 890 元。

由于铅锌之间的套利基础主要依赖的是二者之间价差的统计结果分析，缺乏有力的理论基础。不仅价差之间的稳定性有所欠缺，而且也不能通过交割等方式规避价差风险，因此，实际应用时存在较大的风险。在发现价差走势相反时，及时制定止损策略（见表 6-10）。

（五）套利成本

铅锌跨品种套利的成本主要是资金占用成本和交易费用，具体见表 6-11。

表 6-11　　　　铅锌套利成本

	铅	锌
上期所保证金比例	8%	10%
资金年利率	一般以一年期贷款利率计算	一般以一年期贷款利率计算
资金成本	铅价×保证金比例×资金年利率×天数/360	锌价×保证金比例×资金年利率×天数/360
交易费用	交易额的 0.5%	10 元/笔
套利成本	铅锌的资金成本+铅锌的交易费用	

（六）建仓比例

由于国内的铅属于大合约，每笔合约含有铅 25 吨，而每笔锌合约含锌 5 吨，因此，一般情况下，铅锌的建仓比例应该为 1:5。

十四、铅锌跨品种套利有风险吗？

铅锌跨品种套利是建立在对二者价差的统计分析基础上获得的套利策略，这种套利的基础是不够坚实的，所以铅锌跨品种套利是有风险的套利，具体面临的风险如下：

（一）铅锌价差发生结构性变化的风险

铅锌价差在一段时间内处于一个波动区间，但从历史价差走势观察，一段较长时间之后，铅锌价差的运行中枢会发生变化，而且变化幅度较大，从而产生铅锌跨品种套利最大的风险。

2008 年 1 ~ 11 月期间，由于锌供应过剩，基本面非常弱，而同时铅在国内的消费表现相对较好，国内现货市场上锌的现货价低于铅价，价差一度超过 4000 元/吨。而 2008 年 11 月至 2011 年 10 月底，国内的锌现货价格大部分时间都高于铅现货价格，价差多数时间维持在 1000 ~ 2000 元/吨。在这之后，铅锌价格趋于一致，仅是偶尔出现铅价小幅高于锌价的局面。

由上面国内铅锌价差的变化可以得出 2008 年以来，铅锌价差发生了三次结构性的变化，从而产生较大的跨品种套利风险。这类风险可以通过对铅锌基本面的分析得到一定的控制，因此进行铅锌跨品种套利的投资者需对铅锌的基本面情况较为熟悉，判断铅锌的基本面是否已发生较大改变对此类型的风险控制有较大的帮助。在对基本面判断的前提下，对跨品种套利设好止损线，严格止损。

（二）铅锌出现不利的基差结构

铅锌的基差结构对铅锌跨品种的持仓有较大的影响，当铅锌价差没有发生结构性变化，但短期内铅锌价差没有达到投资者目标的时候，铅锌的基差结构将影响铅锌跨品种套利的盈利。锌期货近低远高，铅期货近高远低的基差结构，对于买铅抛锌的投资者较为有利，对于买锌抛铅的投资者不利。锌期货近高远低，铅期货近低远高的基差结构，对于买锌抛铅的投资者有利，对于买铅抛锌的投资者不利。

（三）短期铅锌相关性不强

铅锌价差的波动比铅期现、跨期、跨市的波动一般情况下要大得多，因此铅锌跨品种套利的风险较期现、跨期、跨市的风险要大一些，当然利润空间较其他套利类型大，套利机会也较其他套利类型多。短期内甚至有可能出现铅锌相关性不强的现象，此时需对铅锌价差是否发生结构性变化作出判断，并设好止损计划，严格止损。

自　测　题

一、单选题

1. 以下哪个模型是期现套利的理论基础？（　　）

A. 持有成本模型　　B. 进出口成本模型

C. 资产组合模型　　D. 二叉树模型

2. 以下哪个选项不是跨期套利的风险点？（　　）

A. 近月被迫交割而产生的增值税风险

B. 期货基差结构可能不适合移仓

C. 开平仓而产生的流动性不足风险

D. 国外开市国内休市而造成的风险

3. 以下哪个选项不是铅锭进口成本公式考虑的因素？（　　）

A. 增值税税率　　B. 进口关税

C. 港杂费　　D. 国内现货价格

4. 以下哪个现象可以作为铅锌跨品种套利可操作性的依据？（　　）

A. 铅锌价差发生结构性变化　　B. 铅锌的基差结构有所不同

C. 短期铅锌相关性不强　　D. 铅锌相关性较强

5. 以手数计算，一般情况下铅锌建仓比例应该为（　　）。

A. 1:1　　B. 1:2

C. 1:5　　D. 1:10

二、多选题

1. 以下哪些现象出现时，市场可能出现套利机会？（　　）

A. 铅现货当前的价格与铅期货根据无风险利率折现的价格差距过大

B. 在剔除了资金成本和仓储成本的因素后，铅期货的近月合约与远月合约的价格差异过大

C. 铅期货在不同市场上出现不同价格，违背了“同价定律”

D. 具有相同或相似价值的两种期货品种定价差异过大，例如相似的有色金属品种，像铅和锌

2. 下列哪些项目在计算铅的持有成本中需要考虑？（　　）

A. 仓储费　　B. 资金利息

C. 交割费　　D. 过户费

3. 以下关于铅锭牛市套利的说法，正确的有(　　)。

A. 牛市时，近月合约价格涨幅明显大于远月合约

B. 牛市时，近月合约的跌幅明显小于远月合约

C. 在买入近期合约的同时卖出同等数量的远期合约

D. 在卖出近期合约的同时买入同等数量的远期合约

4. 以下关于铅锭熊市套利的说法，正确的有(　　)。

A. 熊市时，近月合约价格跌幅往往明显大于远月合约

B. 熊市时，近月合约的涨幅明显小于远月合约

C. 在买入远期合约的同时卖出同等数量的近期合约

D. 在卖出远期合约的同时买入同等数量的近期合约

5. 以下哪些事项是跨市套利的风险？(　　)

A. 价格连续涨跌停而产生的风险

B. 单个市场休市而产生的风险

C. 资金汇兑不及时而产生的风险

D. 现货品牌不符合交割标准而产生的风险

三、判断题

1. 期现套利即使没有现货背景的个人也能参加。(　　)

2. 不参与交割也可能从期现套利中获取利润。(　　)

3. 单个企业的铅锭期现套利的规模可以不受限制。(　　)

4. 跨期套利可以不用考虑流动性风险。(　　)

5. 跨期套利头寸在移仓过程中不会发生亏损。(　　)

6. 铅锭进口成本的计算中可以不用考虑汇率影响。(　　)

7. 人民币升值沪伦铅比价有下降的动力，人民币贬值沪伦铅比价有上升的动力。(　　)

8. 降低或取消进口关税将降低进口成本，对于已建立跨市正套的投资者而言是个利好，降低或者取消出口关税将降低出口成本，对于已建立跨市反套的投资者而言是个利好。(　　)

9. 铅锌价差的波动比铅期现、跨期、跨市的波动一般情况下要小得多，因此铅锌跨品种套利的风险较期现、跨期、跨市的风险要小得多。（ ）

10. 锌期货近低远高，铅期货近高远低的基差结构，对于买铅抛锌的投资者较为有利，对于买锌抛铅的投资者不利。（ ）

参考答案

一、单选题

1. A　2. D　3. D　4. D　5. C

二、多选题

1. ABCD　2. ABCD　3. ABC　4. ABC　5. ABC

三、判断题

1. ×　2. √　3. ×　4. ×　5. ×
6. ×　7. √　8. √　9. ×　10. √

第七章
铅的交割

【本章要点】

本章重点阐述铅的套期保值交易者参与铅期货交割中的各项流程、铅的标准仓单的生成和流转、铅锭在交割中如何保存、如何选择合理的交割仓库、在涉及期转现、增值税发票的过程中如何操作等细节问题，力求使投资者对铅期货交割各个环节有清晰的了解。

一、为什么要交割?

商品期货均采用实物交割的方式，铅期货的交割方式也是实物交割。实物交割是指交易双方在交割日将合约所记载商品的所有权按规定进行转移、了结未平仓合约的过程。从实物交割的概念来看，交割是整个期货交易的最后一个环节。

虽然最终进行实物交割的期货合约的比例非常小，但正是这极少量的实物交割将期货市场与现货市场联系起来，为期货市场功能的发挥提供了重要的前提条件。交割对企业套期保值交易者来说相当重要，套期保值者不仅利用期货市场来规避价格波动的风险，也可以利用期货市场来实现货物的转移或采购。如某企业需求采购一批铅现货，它可以在期货市场上建立相应的买入头寸并持有到交割期，以实现现货交割的目的。

此外，期货交割是促使期货价格和现货价格趋向一致的制度保证。当市场存在过分投机并使期货价格远远偏离现货价格时，这种不合理的价差关系给投资者提供了套利机会，资本在逐利的驱动下入场套利。当期货价格过高而现货价格过低且期货与现货的价差超过合理水平时，交易者就会选择在期货市场卖出期货合约，在现货市场买进商品，这样操作的结果是现货需求增加、现货价格上升，期货合约抛压较多、期货价格下跌，期现价差缩小。另一种情况是，当期货价格过低而现货价格过高（即反向市场时），交易者就会选择在期货市场买进期货合约，在现货市场卖出商品，这样操作的结果是：期货需求增加、价格上升；现货供给增加价格下跌，从而期现价差将趋于正常。这样，通过交割，期货、现货两个市场得以实现相互联动，期货价格最终与现货价格趋于一致，使期货市场真正发挥价格发现的功能。

实物交割与现金交割

期货交易的交割方式分为实物交割和现金交割两种。

（1）实物交割是指交易双方在交割日将合约所记载商品的所有权按规定进行转移、了结未平仓合约的过程。在合约最后交易日后，所有未平仓合约的持有者应当以实物交割方式履约。客户的实物交割应当由会员办理，并以会员名义在交易所进行。

（2）现金交割是指交易双方在交割日对合约盈亏以现金方式进行结算的过程。现金交割由于不进行实物交收，只是以交割时的现货价格作为交易盈亏和资金划拨的依据，因此，实行现金交割的品种，其现货标的价格应当具备可确定性的特点，而且是标准的、唯一的。

（3）在期货市场中，商品期货通常都采用实物交割方式，金融期货中有的品种采用实物交割方式，有的品种采用现金交割方式。

二、铅期货交割要点有哪些?

对于从事铅期货的套期保值投资者来说，他们参与期货交易的主要目的是利用期货市场进行保值交易，减少价格波动带来的风险，确保生产和经营的正常利润。实物交割作为期货交易的最后一个环节，是一个综合复杂的过程，因此从事铅期货的套期保值者有必要熟悉铅期货交割的基本要点。具体来说，铅期货交割的基本要点包括以下方面：

（一）交割单位

上海期货交易所铅期货标准合约的交易单位是每手25吨，实物交割的交割单位是25吨的整数倍，铅期货的最小交割单位是25吨。

（二）交割质量规定

上海期货交易所交割的标准品为铅锭，交割品质量应当符合国标GB/T469－2005规定，其中铅含量不小于99.994%。

（三）升贴水规定

根据铅锭表面批白锈判定结果，暂按以下规定执行质量升贴水：

1. 对于没有表面批白锈的铅锭，按质量平水制作仓单。

2. 对于有表面批白锈的铅锭，按质量贴水每吨120元制作仓单。

（四）包装要求

铅锭实物标签纸上应明确注明生产厂、产地、产品名称、商标、牌号、数量、重量、批号、生产日期、执行标准等信息。

1. 交割单位的铅锭必须是由同一生产企业生产、同一注册商标、同一质量品级、同一块形、同一包装数量（捆重近似）的商品组成。注册生产企业自行选定注册产品捆重，但要利于组手，每捆包装应用相应强度且不易锈蚀的包装带捆扎包装，具体要求由交易所另行公告。捆扎应当坚固，同时标有醒目的、不易脱落的产品标识，注明生产厂名称、产品名称、牌号、批号、净重和生产日期。

每捆铅锭包装可采用以下方式之一：

(1) 0－32×0.9－1.0 mm 防锈钢带，井字型捆扎；

(2) 5×1.2 mm 聚酯打包带，井字型捆扎，搭接处强度不低于同规格聚酯打包带最小拉伸断裂负荷的60%。

2. 到库商品中，遇有包装带断裂的捆件及散块商品，应当重新组合，用规定的包装带捆扎坚固，方可用于交割。包装费用由货主承担。

3. 国产铅的每锭重量可为48kg ±3kg、42kg ±2kg、40kg ±2kg、24kg ±1kg。

（五）溢短和磅差

每张标准仓单所列铅锭的重量为25 吨，实物溢短不超过 ±2%，磅差不超过 ±0.1%。

（六）交收地点

铅交割的交收地点为上海期货交易所指定交割仓库（由交易所指定并另行公告）。用于铅期货交割的铅锭必须存放在室内库房。

（七）其他要求

在铅锭交割期内，如当日14:00之前办妥标准仓单、增值税专用发票、贷款等交割事宜的，交易所当日即清退其相应的交割部位保证金。如当日14:00之后办妥的，交易所将在下一个交易日清退交割部位保证金。

上海期货交易所指定铅质量检验机构见表7－1。

表7－1　　上海期货交易所指定铅质量检验机构

序号	单位名称
1	中国检验认证集团检验有限公司
2	上海中储材料检验有限公司
3	上海出入境检验检疫局工业品与原材料检测技术中心
4	中国有色金属工业华东质检中心

资料来源：上海期货交易所。

铅锭表面批白锈的判定依据是什么？

（1）表面块白锈：由于在室外存放过程中遭遇雨淋等原因致使铅锭表面形成白色条纹状斑痕，则判定该块铅锭表面块白锈。

（2）表面捆白锈：有表面块白锈的块数超过该捆铅锭总块数的20%以上，则判定该捆铅锭有表面捆白锈。

（3）表面批白锈：有表面捆白锈的捆数超过该手铅锭总捆数的20%以上，则判定该

手铅锭有表面批白锈。

三、铅期货标准仓单是如何生成的？标准仓单有哪些用途？

在铅的实物交割具体实施中，买卖双方并不是直接进行铅实物的交收，而是通过代表铅所有权的标准仓单的转换进行交收，因此标准仓单在所有商品实物交割中扮演着十分重要的角色。那么铅标准仓单是如何生成的呢？

铅标准仓单是由上海期货交易所统一制定的，上海期货交易所指定铅的交割仓库，并按照交易所规定程序签发铅实物提货凭证，而铅实物提货凭证必须符合期货质量标准。标准仓单的持有形式为“标准仓单持有凭证”。“标准仓单持有凭证”是交易所开具的代表标准仓单所有权的有效凭证，是在交易所办理标准仓单交割、交易、转让、质押、注销的凭证，受法律保护。

标准仓单的生成过程其实就是交割货物通过相应手续、条例，在交割库确认交割产品质量、包装、数量和其他品质的过程。标准仓单生成过程包括交割预报（入库申报）、商品入库、验收、指定交割仓库签发、确认五大环节。

（一）交割预报（入库申报）

货主向指定交割仓库发库前，应当办理入库申报。入库申报的内容包括商品的品种、等级（牌号）、商标、数量、发货单位及拟入指定交割仓库名称等，并提供各项单证。此外，铅企业客户应当委托期货公司会员办理交割预报（入库申报）手续。

（二）商品入库

上海期货交易所在库容允许的情况下，考虑货主意愿，在3个交易日内决定是否批准入库。申请者在上海期货交易所规定的有效期内向已批准的指定交割库发货。未经上海期货交易所批准入库或未在规定的有效期内入库的商品不能用于交割使用。

（三）验收

对于指定的交割仓库应当根据期货交割的有关规定，对入库商品种类、牌号、数量、质量、包装及相关单证进行验收。货主应当到库监收，货主不到库监收，视为同意指定交割仓库的验收结果。验收合格后，交割库应当将入库检验的结果输入标准仓单管理系统，再由会员向交易所提交制作标准仓单的申请。

（四）指定交割仓库签发

上海期货交易所批准制作标准仓单之后，指定交割仓库核对入库申报数据并制作仓单。指定交割仓库的审核人员应当复核仓单数据。

（五）确认

仓单申请者对新签发的标准仓单进行验收确认。如果仓单所有者在收到标准仓单验收通知后三天内未对指定交割仓库签发的标准仓单进行验收确认的，视为已验收确认，标准仓单自动生效。

标准仓单生成流程图见图7－1。

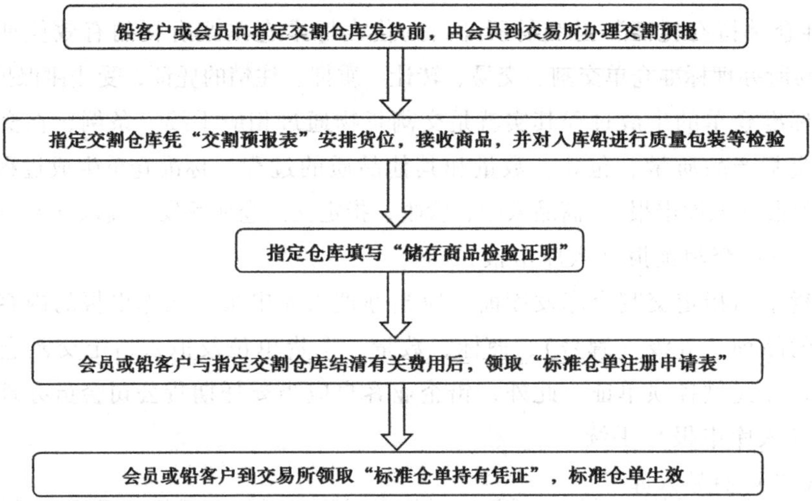

图7－1　标准仓单生成流程图

卖方在交割月留有交易所规定的最小交割单位的整数倍头寸，有交割时出让标准仓单给买方，这是最常见的标准仓单的用途。此外，标准仓单还具有充抵保证金、质押贷款业务及转让等用途。

1. 标准仓单充抵保证金。客户将标准仓单交存交易所充抵保证金（即作为保证金使用），具体业务流程为：首先，客户应当将指定的标准仓单授权给会员充抵该会员的保证金。其次，会员选择客户授权的标准仓单，提交给交易所。会员提交仓单时，应当注明标准仓单是充抵保证金，还是只充抵与其所示数量相同的交割月份期货合约持仓的交易保证金。最后，要经交易所审核，交易所审核后标准仓单方可充抵保证金。

2. 质押贷款业务。标准仓单质押贷款业务，属于权利质押的性质，指贷款人以其自有的、经期货交易所注册确认的标准仓单为质押物，向银行申请其正常生产经营周转所需的、期限在一年以内的信贷业务。

标准仓单质押是出质人（即债务人或第三人）将其拥有的标准仓单移交给质权人（债权人）占有，并将该标准仓单作为债权的担保。债务人不履行债务时，债权人有权依照法律以该标准仓单折价或者以拍卖、变卖该标准仓单的价款优先受偿。

3. 标准仓单的转让。标准仓单可以在交易所外转让。转让方式有两种：一种是电子形式标准仓单的转让；另一种是纸质形式标准仓单的转让。电子形式标准仓单的转让是指仅以电子形式存在的标准仓单在交易所外的转让，买卖双方可以自行结算，也可以通过交易所结算。通过交易所结算的，要按交割标准收取手续费。而纸质形式标准仓单的转让是指纸质标准仓单在交易所外通过背书方式的转让。

仓库标准仓单和厂库标准仓单

标准仓单可以分为仓库标准仓单和厂库标准仓单。仓库标准仓单是指依据上海期货交易所标准仓单管理办法的规定，由指定交割仓库完成入库商品验收、确认合格后，在交易所标准仓单管理系统中签发给货主的，用于提取商品的凭证；而厂库标准仓单是指经过交易所批准的指定厂库按照交易所规定的程序签发的在交易所标准仓单管理系统生成的实物提货凭证。

厂库标准仓单暂限于螺纹钢、线材期货合约。在上海期货交易所标准仓单管理办法中，如无特指，则标准仓单是指仓库标准仓单。

四、铅期货标准仓单如何变更？

客户在铅的期货交割中，有时会出现需要修改标准仓单的重量、件数、块数等数据的情况。针对这种情况，上海期货交易所可以实现标准仓单的数据变更业务。铅的客户应当通过标准仓单管理系统提交标准仓单的重量、件数、块数变更申请，上海期货交易所和指定的交割仓库审核后，即完成数据的变更。

指定交割仓库如果需要移动标准仓单所属商品的货位，应当事先向上海期货交易所提出申请，交易所应当在10个工作日内批复。指定交割仓库移动货位后应当通知仓单所有人，并及时通过标准仓单管理系统修改对应仓单的货位数据。对于已经存在纸质标准仓单的，指定交割仓库负责为仓单所有人更换新的纸质标准仓单。

标准仓单对应的铅商品质检期届满后，仓单所有人应当重新质检。仓单所有人在铅商品重新质检后，向交易所提交质检日期变更申报，在交易所审核新的质检证书后，指定交割仓库应当通过标准仓单管理系统变更对应标准仓单的质检证书和质检日期。

【延伸阅读　标准仓单的挂失业务流程】

仓单所有人应当妥善保管纸质标准仓单。纸质标准仓单如有被盗、遗失或者毁损，仓单所有人应当及时向交易所提交标准仓单挂失业务。具体业务流程如下：

1. 仓单所有人申请挂失。仓单所有人可以自行通过标准仓单管理系统提交挂失申请，也可以到交易所办理挂失申请手续。

2. 交易所审核。挂失申请经交易所批准后，挂失人应当在交易所指定的专业媒体上连续公告四次，每周一次。

3. 仓单所有人申请重新签发标准仓单。自第一次公告之日起30日内无他人向交易所或指定交割仓库提出异议的，挂失人可以向交易所申请重新签发标准仓单。挂失人可以自行通过标准仓单管理系统提交重新签发标准仓单申请，也可以到交易所办理重新签发标准仓单的申请手续。

4. 交易所审核。交易所批准重新签发标准仓单申请后，通知指定交割仓库。

5. 指定交割仓库转开新仓单，同时注销挂失的标准仓单。新标准仓单以电子形式存在，在其备注中载明“本标准仓单替代＊＊＊＊＊＊＊＊＊＊（原标准仓单号）号标准仓单”的字样。

五、铅合约交割的流程

在铅期货合约最后交易日后，所有未平仓合约的持有者都必须以实物交割方式履约。按照上海期货交易所的规定，客户的实物交割应当由会员办理，并以会员名义在交易所进行。因此，需要进行铅实物交割的企业客户，必须预先与期货公司取得联系，经核准后填写“实物交割申请书”，在交易所规定的申请截止日期前三个交易日送期货公司。套期保值申请经交易所批准后，客户所建立的套期保值头寸可保留至最后交易日。

上海期货交易所铅期货采取集中交割的方式，铅期货的实物交割采用五日交割法，具体规定如下：

（一）第一交割日

买方申报意向。铅期货的买方在第一交割日内，向上海期货交易所提交所需铅的意向书，内容包括品种、牌号、数量及指定交割仓库名等。

卖方交标准仓单。铅期货的卖方在第一交割日内通过标准仓单管理系统将已付清仓储费用的有效标准仓单给上海期货交易所。

（二）第二交割日

上海期货交易所分配标准仓单。交易所在第二交割日要根据已有资源，按照“时间优先、数量取整、就近配对、统筹安排”的原则，向买方分配标准仓单。不能用于下一期货合约交割的标准仓单，交易所按所占当月交割总量的比例向买方分摊。

（三）第三交割日

铅期货买方交款、取单。铅期货买方应当在第三交割日 14：00 前到交易所交付货款并取得标准仓单。

铅期货卖方收款。交易所应当在第三交割日 16：00 前将货款付给卖方，如果遇到特殊情况交易所可以延长交割货款给付时间。

（四）第四、五交割日

铅期货卖方递交增值税发票。铅期货买方会员分配仓单：铅期货的买方会员应当在最后交割日之前（含最后交割日）将分配到其名下的标准仓单再分配给买方客户。如买方会员不能按时分配标准仓单，应当向交易所报告原因。

交割具体流程见图 7－2。

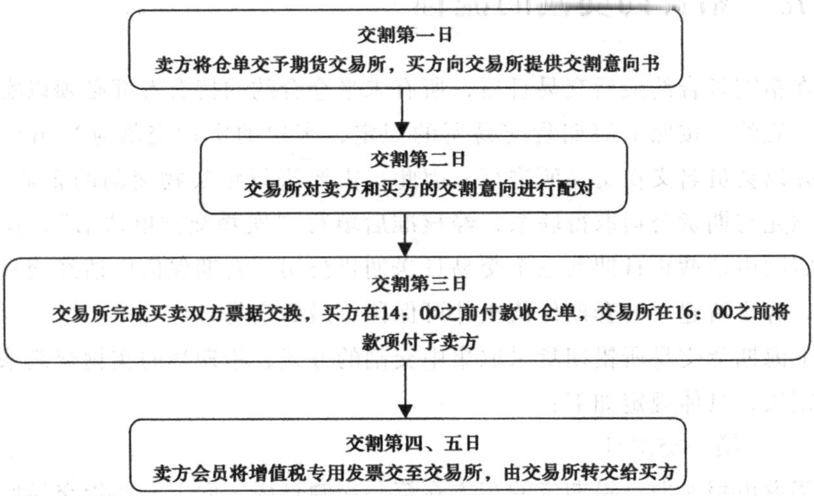

图 7－2　交割具体流程图

集中交割和滚动交割

集中交割和滚动交割是实物交割的两种形式。

1. 集中交割是指所有到期合约在交割月份最后交易日过后进行一次性集中交割的交割方式。目前，上海期货交易所的基本金属均采取集中交割方式，铅期货也不例外。

2. 滚动交割是指除了在交割月份的最后交易日对所有到期合约全部配对交割外，在交割月第一交易日至最后交易日之间的规定时间也可以进行交割的交割方式。滚动交割制度使交易者在交割月的第一个交易日就可以进行交割，交割时间的选择较为灵活，可减少储存时间，降低交割成本。目前大连商品交易所的品种采取滚动交割的交割方式。

六、用于交割的铅该如何保存？

铅是一种特殊的金属，容易受所储存的自然环境影响，同时铅也是一种对人体有毒害的金属，从事铅期货交割业务的工作人员应该做好相应的防范措施。

上海期货交易所交割的铅锭应存放在通风、干燥、无腐蚀性物质的指定交割库库房内，仓库在进出库操作时，应避免铅锭被雨淋。铅锭的储存注意事项：

（1）储存于阴凉、通风的库房。

（2）远离火种、热源。库温不超过30℃，相对湿度不超过80%。

（3）应与还原剂、食用化学品分开存放，切忌混储。

（4）储区应备有合适的材料收容泄漏物。

由于铅是一种对人体有毒害的金属，从事铅期货交割业务的工作人员应该做好相应的防范措施，具体注意事项包括：

（1）铅期货交割的工作人员在操作时应该注意保持在交割仓库内密闭操作，同时保持交割仓库局部排风。

（2）操作人员必须经过专门培训，严格遵守操作规程，建议操作人员佩戴自吸过滤式防尘口罩，戴安全防护眼镜，穿透气型防毒服，戴防化学品手套，避免产生粉尘。

（3）铅锭要避免与还原剂放在一起，操作人员也应当避免与还原剂接触。

（4）操作人员搬运铅锭时要轻装轻卸，防止包装及容器损坏。

（5）操作人员应当配备泄漏应急处理设备，对于可能残留有害物的倒空容器要及时清理。

表面腐蚀白锈的铅锭是否影响交割？

铅客户如果对指定交割仓库关于铅锭包装带锈蚀（含铅锭表面铁锈痕迹）、铅锭表面批白锈的检验结果有异议的，可以委托交易所指定质量检验机构进行复检，并以复检结果作为最终裁定。对于已做成仓单的铅锭是否影响交割，上海期货交易所有专门的规定。

（1）已做成仓单的铅锭，在指定交割仓库库房存放时因热湿天气形成表面腐蚀白锈的，不影响期货交割。

（2）已做成仓单的铅锭，在指定交割仓库库房存放时因热湿天气而形成包装带锈蚀（含铅锭表面铁锈痕迹）的，仓库应及时用规定强度的塑料带更换包装带，并向货主收取相关费用。

七、如何选择合理的交割仓库？

交割仓库是交易所为会员和客户提供履行期货合约，进行实物交收和保管的场所。交割仓库的设置是否合理，直接关系到期货品种能否平稳、有序的运行。而交割库的地址及交割库库容的合理设置，能很好地降低社会成本以及未来交易风险的发生频率。

铅指定期货交割仓库主要依据消费地和集散地的原则。对于铅的交割仓库来说，需要考虑交割库选址要有利于套期保值客户的参与，交易所除了要降低套期保值客户的门槛外，更要在交割库的设置过程中考虑客户的运输成本和信息成本。从上海期货交易所设立铅的交割仓库来看，交割仓库都分布在长三角、珠三角及环渤海的天津地区，尽量方便了国内铅企业的交割要求，不仅带动周边地区的铅贸易，也降低了铅企业的运输成本（见表7-2）。

表7-2　　上海期货交易所铅锭指定交割仓库名单

仓库名称	存放地址	到达站/港	异地升贴水标准
中储发展股份有限公司	上海市宝山区宝杨路2069号	上海杨行站；专用线：五钢物流专用线	标准价
	上海市宝山区南大路137号、257号	桃浦站（中储大场公司专用线）	标准价
	天津市北辰区顺义道（中储发展天津南仓分公司）	南仓（京局）站	贴水
	江苏无锡市城南路32-1号	周泾港	标准价
上海期晟储运管理有限公司	上海市曹安路3645号	上海封浜站封四专用线	标准价
上海国储天威仓储有限公司	上海市嘉定区黄渡工业园区星塔路1289号	南翔站	标准价
	上海市浦东新区同顺大道1111号	国家物资储备局上海七处临港仓库铁路专用线	标准价
广东储备物资管理局八三〇处	广州市萝岗区开发大道1330号	下元站	标准价

续表

仓库名称	存放地址	到达站/港	异地升贴水标准
广东晟世有色金属仓储物流有限公司	广东省佛山市南海区小塘西货场侧晟世物流小塘西仓	小塘西（广）	标准价
南储仓储管理有限公司	广东省佛山市禅城区佛罗公路166号	街边站（广）南储专用线	标准价
国家物资储备局浙江837处	宁波镇海区大通路331号	浙江宁波庄桥铁路站	标准价
浙江康运仓储有限公司	浙江诸暨市陶朱街道西二环路539号	诸暨东站	标准价
天津渤海物流有限公司	天津市北辰区北仓道55号	南仓（京）正泰专用线	贴水
国家物资储备局天津八三三处	天津市滨海新区临港路15号	新港站	贴水

资料来源：上海期货交易所。

八、什么是铅期货期转现业务？如何进行期转现业务操作？

期货转现货（以下简称期转现）是指持有方向相反的同一月份合约的会员（客户）协商一致并向交易所提出申请，获得交易所批准后，分别将各自持有的合约按双方达成的平仓价格由交易所代为平仓，同时按双方协议价格与期货合约标的物数量相当、品种相同、方向相同的仓单进行交换的行为。由此看来，期转现业务的实质为提前交割。对于铅企业来说，利用期转现业务可以为企业带来实实在在的好处。铅加工企业和铅生产经营企业利用期转现业务操作可以节约期货交割成本，如搬运、整理和包装等交割成本；可以灵活商定交货品级、地点和方式；可以提高资金的利用效率；期转现使买卖双方在确定期货平仓价格的同时，确定了相应的现货买卖价格，由此可以保证期货与现货市场风险同时被锁定。

既然期货转现业务能给铅企业带来诸多好处，那么如何进行期转现业务操作呢？办理期转现业务需要买卖双方于价格、升贴水达成一致协议。在规定期限内由买卖方的任一方提出期转现业务申请，另一方确认后交交易所批准实施期转现业务。买卖双方需填写期转现申请单，交易所在申请日 15：00 前帮助双方将所持仓位平仓。最后，买卖双方在规定期限内转交标准仓单、货款和增值税专用发票（见图 7－3）。

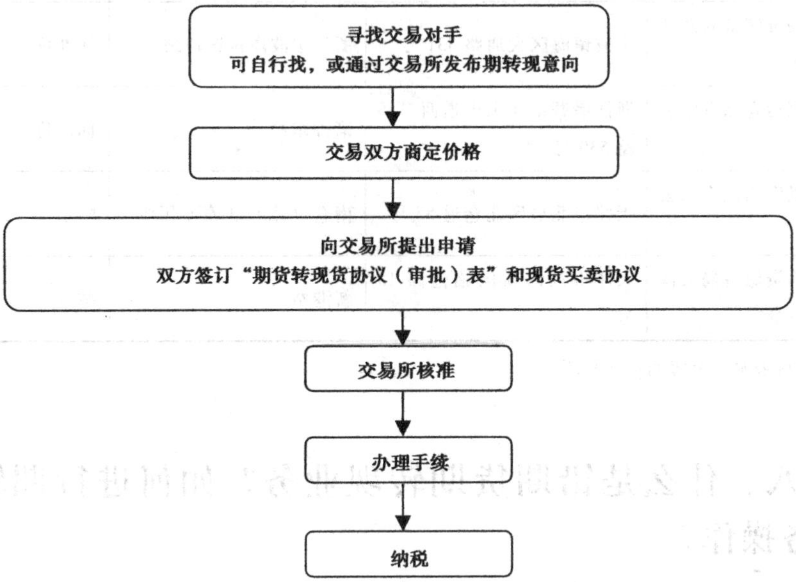

图 7－3　期转现业务流程图

九、铅期货仓单注销如何操作?

铅期货标准仓单退出流通过程需要对标准仓单注销。标准仓单注销是指标准仓单所有人提货或者申请将其标准仓单转为一般现货提单，由指定交割仓库办理标准仓单退出流通的过程。

铅交割出库后，指定的交割仓库应当制作标准仓单出库清单，交提货人签字确认。纸质标准仓单的所有人提货完毕后，指定交割仓库应当将纸质标准仓单加盖货讫专用章，与仓库留底配对后妥善保存，定期注销。

【延伸阅读　作废的标准仓单是否意味着该标准仓单的注销?】

在铅的交割业务中，由于某些原因导致铅的标准仓单作废，这是否意味着该标准仓单的注销呢?

1. 标准仓单作废是指标准仓单的所有人对指定交割仓库签发的已生效的标准仓单除重量、件数、块数、货位、质检日期以外的数据有异议，提交标准仓单作废申请，经上海期货交易所和指定的交割仓库审核，注销对应的标准仓单的过程。

2. 作废的标准仓单并不意味着被注销。事实上，作废的标准仓单还可以生成相对应的新的标准仓单。铅客户如需生成相对应新的标准仓单，应当到交易所重新办理交割预报手续。

十、铅期货交割中对增值税发票的开具和流转有哪些要求?

在铅的交割过程中，如果铅企业的销货方不能提供增值税的专用发票，是不允许进行实物交割的，因此增值税专用发票的流转在实物交割环节中至关重要。

根据上海期货交易所的规定，铅企业的销货方（以下称卖方）最迟必须在最后交割日将增值税专用发票交至交易所。交割铅的计价以交割结算价为基础，再加上不同等级的商品质量升贴水以及非基准交割仓库与基准交割仓库的升贴水，增值税专用发票上的开票金额就已经包含了17%增值税的交割结算价。交易所向铅的购货方（以下称买方）开具增值税专用发票，向卖方会员收取增值税专用发票（见图7－4）。

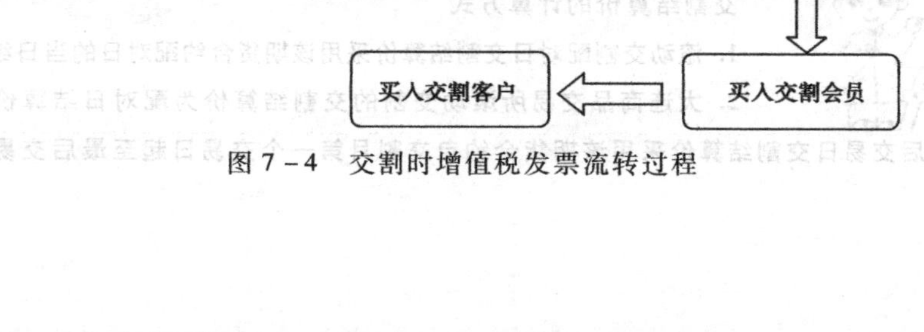

图7－4　交割时增值税发票流转过程

需要提醒的是，会员一定要按时提交增值税专用发票，如果会员迟交增值税专用发票，根据迟交天数要受到处罚的，具体处罚如下：

1. 如果迟交发票时间为3～10天，则每天处以贷款金额0.5‰的滞纳金；

2. 如果迟交发票时间为11～30天，则每天处以贷款金额1‰的滞纳金；

3. 如果迟交发票时间超过30天，将被视作不交增值税专用发票，处以贷款金额20%的罚款。

什么是增值税发票？

增值税专用发票是由国家税务总局监制设计印制的，只限于增值税一般纳税人领购使用，既作为纳税人反映经济活动中的重要会计凭证，又是兼记销货方纳税义务和购货方进项税额的合法证明，是增值税计算和管理中重要的有决定性的合法的专用发票。

实行增值税专用发票是增值税改革中很关键的一步，它与普通发票不同，不仅具有商务活动、凭证的作用，而且由于实行凭发票注明税款扣税，购货方要向销货方支付增值税，因此，它还具有完税凭证的作用。更重要的是，增值税专用发票将一个产品的最初生产到最终消费之间各环节联系起来，保持了税负的完整，体现了增值税的作用。

十一、什么是铅的交割结算价？交割结算价如何确定？

交割结算价是指在进行交割时用于商品交收时所依据的基准价格。不同的交易所以及不同的实物交割方式，交割结算价的选取也不尽相同。

上海期货交易所的铅期货在交割时采用集中交割方式，其交割结算价是铅期货合约最后交易日的结算价。

交割结算价的计算方式

1. 滚动交割配对日交割结算价采用该期货合约配对日的当日结算价。

2. 大连商品交易所滚动交割的交割结算价为配对日结算价；集中交割最后交易日交割结算价采用该期货合约自交割月第一个交易日起至最后交易日所有

成交价格的加权平均价。

3. 上海期货交易所采用集中交割方式，其交割结算价为期货合约最后交易日的结算价，黄金除外。

4. 期转现结算价采用买卖双方协议价格。

十二、铅交割中会产生哪些费用？

在铅的实物交割过程中，肯定会产生一定的费用，这些费用是铅企业参与实物交割的重要依据（见表7-3）。由于铅的特殊性，上海期货交易所交割的铅锭应存放在通风、干燥、无腐蚀性物质的指定交割库库房内，仓库在进出库操作时，应避免铅锭被雨淋，总体来看，铅交割的成本较高。

表7-3　　上海期货交易所铅指定交割仓库收费标准

收费项目		收费标准
库房	仓储租金	0.7元/吨·天
进库费用	专用线	26元/吨
	非集装箱自送	18元/吨
	集装箱自送	30元/吨
出库费用	专用线	26元/吨
	非集装箱自提	15元/吨
	集装箱自提	25元/吨
调运费	入库调运费	1元/吨
	出库调运费	1元/吨
交割手续费	交割手续费	另行通知
其他费用	代办车皮申请	5元/吨
	代办提运	2元/吨
	打包费	40元/吨
	打印费（纸质仓单）	100元/张

资料来源：上海期货交易所。

已做成仓单的铅锭，在指定交割仓库库房存放时因热湿天气而形成包装带锈蚀的（含铅锭表面铁锈痕迹），仓库应及时用聚酯包装带更换包装，并向货主收取相关费用，按交易所收费标准，铅锭的打包费用是40元/吨。

十三、上海期货交易所对铅交割违约如何处理？

根据期货市场的历史经验，在实物交割过程中发生违约的可能性很小，但从长时间来看，在实物交割的整个过程中难免会发生意外，从而影响交割进程。那么，交割违约的认定标准是什么？如果真的在铅的实物交割过程中对方出现了违约行为，作为交易的另一方如何保障自身的利益呢？

（一）交割违约的认定

如果铅期货合约的买卖双方有下列行为之一的，将构成交割违约：

1. 在规定交割期限内卖方未交付有效标准仓单的。

2. 在规定交割期限内买方未解付货款的或解付不足的。

3. 卖方交付的商品不符合规定标准的。

发生交割违约后，交易所于违约发生当日16:30以前通知违约方和相对应的守约方。守约方需在下一交易日11:00以前将终止交割或继续交割的选择意向书面递交交易所。逾期未提交选择意向的，交易所按终止交割处理。

（二）交割违约的具体处理

构成交割违约的，由违约方支付违约部分合约价值5%的违约金，同时按以下办法处理：

1. 卖方违约，买方可作如下一项选择：

（1）终止交割。交易所退还买方货款。

（2）继续交割。交易所在判定卖方违约的下一交易日发布标准仓单征购公告，并在7个交易日内组织征购。征购成功，交易所支付给买方标准仓单；征购失败，卖方支付给买方违约部分合约价值15%的赔偿金，交易所退还买方交割货款后终止交割。卖方承担因征购产生的一切经济损失和费用。

征购价格不高于交割结算价的125%，竞卖价格不低于交割结算价的75%。

2. 买方违约，卖方可作如下一项选择：

（1）终止交割。交易所退还卖方标准仓单。

（2）继续交割。交易所在判定买方违约的下一交易日发布标准仓单竞卖公告，并在7个交易日内组织竞卖。竞卖成功，交易所支付给卖方交割贷款；竞卖失败，买方支付给违约部分合约价值15%的赔偿金，交易所退还卖方标准仓单后终止交割。买方承担因竞卖产生的一切经济损失和费用。

终止交割后，交易所交割担保责任了结。征购价格不高于交割结算价的125%，竞卖价格不低于交割结算价的75%。

3. 双方违约。若买卖双方都违约的，交易所按终止交割处理，并对双方分别处以违约部分合约价值5%的罚款。

自 测 题

一、单选题

1. 铅期货合约规定的最小交割单位是(　　)。

A. 5吨　　B. 10吨

C. 25吨　　D. 30吨

2. 上海期货交易所指定的铅质量检验机构有(　　)家。

A. 3家　　B. 4家

C. 5家　　D. 6家

3. 铅期货的实物交割采用五日交割法，交易所对于卖方和买方的交割意向进行配对是在(　　)。

A. 交割第一日　　B. 交割第二日

C. 交割第三日　　D. 交割第四、五交易日

4. 在交割过程中，如果会员迟交增值税专用发票，迟交时间为3～10天，则每天要处以(　　)的滞纳金。

A. 0.5‰　　B. 0.8‰

C. 1‰　　D. 1.2‰

5. 在指定交割库中，铅锭的打包费用标准是(　　)。

A. 10元/吨　　B. 20元/吨

C. 30 元/吨　　　　D. 40 元/吨

二、多选题

1. 标准仓单是交割、交易、转让、质押、注销的凭证，标准仓单还有其他很多的用途，主要表现为(　　)。

A. 标准仓单充抵保证金　　　　B. 标准仓单可以质押贷款业务

C. 标准仓单可以通过背书方式转让　　D. 标准仓单可以用于结算

2. 用于交割的铅锭在保存时，需要注意哪些事项？(　　)

A. 在进出仓库时，应避免铅锭被雨淋

B. 远离火种、热源

C. 库温不超过 30℃，相对湿度不超过 80%

D. 应与还原剂、食用化学品分开存放，切忌混储

3. 标准仓单可以在交易所外转让，转让方式是(　　)。

A. 约定形式标准仓单转让　　　　B. 随机形式标准仓单转让

C. 电子形式标准仓单转让　　　　D. 纸质形式标准仓单转让

4. 下列关于铅期货交割仓库设置正确的是(　　)。

A. 交割仓库主要设置在铅的主要产地

B. 交割仓库都分布在长三角、珠三角以及环渤海的天津地区

C. 在交割库的设置中要考虑客户的运输成本和信息成本

D. 设立交割仓库要尽量方便铅企业的交割要求，并能带动周边地区的铅贸易

5. 在铅交割中会发生哪些费用？(　　)

A. 仓储费　　　　B. 入库、出库费

C. 期货公司佣金　　　　D. 包装、装卸费

三、判断题

1. 铅期货的交割方式是实物交割。　　(　　)

2. 铅仓库标准仓单由指定交割仓库完成入库商品验收、确认合格后，在交易所标准仓单管理系统中签发给货主的，用于提取商品的凭证。

(　　)

3. 铅的标准仓单是由指定交割仓库制定的。 ( )

4. 按照上期所的规定，铅客户的实物交割应当由会员办理，并以会员名义在交易所进行。 ( )

5. 已做成仓单的铅锭，在指定交割库存放时因热湿天气形成表面腐蚀白锈的，将影响期货交割。 ( )

6. 期转现的交割结算价为买卖双方会员（客户）达成的协议价。 ( )

7. 作废的标准仓单意味着标准仓单被注销。 ( )

8. 在铅的交割过程中，如果铅企业的销货方不能提供增值税的专用发票，也可以进行实物交割。 ( )

9. 上海期货交易所的铅期货在交割时采用集中交割方式，其交割估价是铅期货合约最后交易日的结算价。 ( )

10. 在规定交割期限内卖方未交付有效标准仓单的，将被认定为构成交割违约。 ( )

参考答案

一、单选题

1. C　2. B　3. B　4. A　5. D

二、多选题

1. ABC　2. ABCD　3. CD　4. BCD　5. ABD

三、判断题

1. √　2. √　3. ×　4. √　5. ×

6. √　7. ×　8. ×　9. √　10. √

后 记

本书是以期货投资者为主要服务对象而编写的一本普及性读物。同时，本书也特别针对各类不同机构投资者如何根据自身经营需求，尤其是在套期保值、套利和资产组合管理方面，提供了不少值得借鉴的应用案例。因此，本书也可供期货从业人员和企业投资决策者参考。

本书作为一本期货投资者教育普及性读物，遵循基础性、通俗性、实用性、规范性的原则，避免赘述深奥的期货理论，从实际案例入手，通过浅显易懂的语言，针对铅的生产、经营、消费等各环节的具体情况，着重介绍实体企业和普通投资者如何通过期货市场的独特功能来实现规避价格风险、创新经营模式、投资增益增效的目标。同时，本书结合铅行业的特点，从供求关系入手，详细介绍了影响铅期货市场的各方面因素，为投资者提供了有益的参考。

与证券、债券等金融工具相比，期货作为风险管理的工具，专业性强、杠杆率高、风险大，这在客观上要求投资者具备一定的专业投资知识、经济实力及风险承受能力。"期市有风险，入市需谨慎"！本书由于篇幅限制，无法尽述相关实体企业及投资者在期货市场上可能面临的所有具体情况，不管是实体企业还是普通投资者，参与期货市场都务必结合自身需求，制定科学合理的交易策略。企业参与套期保值要避免变成投机，普通投资者要严格评估自身能力，尽可能地熟悉并掌握交易品种的市场特点及操作技巧，并严格控制交易规模，避免遭受不必要的损失。

作为《期货投资者教育系列丛书》之一，本书由中国期货业协会投资者教育部组织编写，余晓丽、刘保宁承担统筹任务。本书编写人员通过公开遴选，并经专家评审最终确定。金瑞期货有限公司柴静、杨小光承担了本书的主要编写任务，陈帝喜、叶羽钢、陈敏、王晓伟、龙丽质、李毅、郭皓等也参与了本书的编写工作。中国期货市场业协会理事张宜生同志对本书大纲架构提出了指导性意见，上海期货交易所蒋晓全同志对本书书稿进行了审阅并提出了宝贵建议。本书在编写过程中还得到了中国证监会投资者保护局、中国证监会期货二部、上海期货交易所和金瑞期货有限公司领导的指导和帮助，在此表示衷心的感谢！书中的错误之处，敬请批评指正。

中国期货业协会

《期货投资者教育系列丛书》编委会

2012 年 11 月 5 日